国外 PPP 案例选编

财政部政府和社会资本合作中心　编

图书在版编目（CIP）数据

国外 PPP 案例选编／财政部政府和社会资本合作中心编．
—北京：中国商务出版社，2014.11
（PPP 丛书）
ISBN 978-7-5103-1166-6

Ⅰ.①P… Ⅱ.①财… Ⅲ.①公用事业-案例-国外
Ⅳ.①F299.1

中国版本图书馆 CIP 数据核字（2014）第 262480 号

国外 PPP 案例选编
财政部政府和社会资本合作中心　编

出　　版：中国商务出版社
发　　行：北京中商图出版物发行有限责任公司
社　　址：北京市东城区安定门外大街东后巷 28 号
邮　　编：100710
电　　话：010-64269744　64218072　（编辑一室）
　　　　　010-64266119　（发行部）
　　　　　010-64263201　（零售、邮购）
网　　店：http://cctpress.taobao.com
网　　址：Http://www.cctpress.com
邮　　箱：cctp@cctpress.com　tbys@cctpress.com
照　　排：北京亮杰技贸有限公司
印　　刷：北京密兴印刷有限公司
开　　本：787 毫米×1092 毫米
印　　张：10.75　　字　数：160 千字
版　　次：2014 年 11 月第 1 版　2014 年 11 月第 1 次印刷
书　　号：ISBN 978-7-5103-1166-6
定　　价：39.00 元

版权专有　侵权必究　　盗版侵权举报电话：010-64515142
如所购图书发现有印、装质量问题，请及时与本社出版部联系，电话：010-64248236

前　言

党的十八届三中全会通过的《中共中央关于全面深化改革若干重大问题的决定》指出，经济体制改革是全面深化改革的重点，其核心是处理好政府和市场的关系。政府和社会资本合作模式（Public-Private Partnerships，PPP）很好地把市场在资源配置中的决定性作用与政府在经济社会发展中的引导作用结合在一起，充分利用市场机制和资源，增加、改善和优化公共产品和服务供给，推动经济更有效率、更加公平、更可持续发展。

PPP是转变政府职能，提升国家治理能力的一次体制机制变革；是深化财税体制改革，构建现代财政制度的重要内容；是稳增长、促改革、调结构、惠民生的重要抓手。我们要把握好PPP的依法平等合作、风险分担利益共享、物有所值和全生命周期绩效管理等四个核心要义，全面系统协同推进这项改革事业，决不能片面地把PPP理解为政府的一种新的融资手段，简单粗放解决短期债务问题。抓出样板、建立标杆是当前一项重要工作，在借鉴国际经验的基础上，根据国情需要，积极开展试点项目工作，尽快提炼和形成相对统一的标准范例非常紧迫。

习近平总书记指出，"中华民族是一个兼容并蓄、海纳百川的民族，在漫长历史进程中，不断学习他人的好东西，把他人的好东西化成我们自己的东西，这才形成我们的民族特色"。自20世纪80年代起，英国、加拿大和澳大利亚等发达国家开始把PPP应用到基础设施及公共服务领域，目前已臻于成熟；PPP已从最初的经济类基础设施扩展到社会类和政府类。在发达国家，PPP在政府增加、改善和优化公共产品和服务供给，提高财政资金效率，便利市场准入，促进市场统一等方面发挥了积极作用。

要科学规范高效地推进我国 PPP 工作，学习借鉴发达国家的成熟经验非常重要。

为推进 PPP 工作，财政部设立了政府和社会资本合作中心（财政部 PPP 中心），主要承担 PPP 研究、咨询培训、能力建设、融资支持、信息统计、国际交流等职责。财政部 PPP 中心根据我国实际需要，通过与世界银行、欧盟委员会、国际贸易中心、欧亚 PPP 联络网和中国科学院大学中国 PPP 研究中心等机构合作，从英国、澳大利亚、美国、加拿大、德国、法国、西班牙、波兰、印度和南非等 10 个国家的上百个项目案例中筛选出 30 个，编成本书，如实、概括、简要地介绍了各个项目开展情况。

本书共四章。第一章简要介绍 PPP 基本知识；第二章是经济类 PPP 案例，包括交通运输、市政公用事业、片区开发、节能等 4 个领域 19 个项目；第三章是社会类 PPP 案例，包括保障性住房、教育、文化、卫生等 4 个领域 7 个项目；第四章是政府类 PPP 案例，包括司法执法、行政、防务等 3 个领域 4 个项目。

本书可供从事 PPP 工作的政府部门、社会资本、金融机构、咨询机构、研究机构、专家顾问等参考。需要说明的是，这 30 个案例的英文原文详略不一，侧重点也不尽相同，且不可能对这些案例进行实地调研，加之时间和水平所限，故本书难免有疏漏不足之处，敬请谅解并不吝赐教。

财政部政府和社会资本合作中心
2014 年 10 月

目 录

第一章 PPP 基本知识 ... 1
第一节 PPP 的定义及其要素 ... 1
第二节 PPP 的常见类型 ... 2
第三节 PPP 项目操作流程 ... 4

第二章 经济类 PPP 项目 ... 6
第一节 交通运输 ... 6
案例 1 英国 M6 收费公路项目 ... 6
案例 2 波兰华沙 S8 快速路项目 ... 10
案例 3 美国马萨诸塞州 3 号公路北段修缮扩建项目 ... 14
案例 4 法国西班牙跨国铁路项目 ... 23
案例 5 英吉利海峡隧道连接铁路（CTRL）项目 ... 26
案例 6 英国赛文河第二大桥项目 ... 31
案例 7 德国罗斯托克瓦诺隧道项目 ... 36
案例 8 印度德里和孟买机场项目 ... 44
案例 9 美国德克萨斯州加尔维斯顿港口改扩建项目 ... 56

第二节 市政公用事业 ... 60
案例 10 德国柏林瓦塞尔水务项目 ... 60
案例 11 英国苏格兰水务项目 ... 63

案例12　澳大利亚阿德莱德水务项目 …………………………… 66
　　案例13　加拿大萨德伯里市污泥处理项目 ……………………… 70
　　案例14　波兰波兹南市政垃圾热处理厂项目 …………………… 81
　　案例15　德国米尔海姆城市固体废物处理项目 ………………… 85
　第三节　片区开发 ……………………………………………………… 88
　　案例16　印度综合纺织园区建设项目 …………………………… 88
　　案例17　美国福特岛开发项目 …………………………………… 93
　第四节　节能 …………………………………………………………… 96
　　案例18　美属维尔京群岛节能项目 ……………………………… 96
　　案例19　美国军队零能耗住宅项目 ……………………………… 101

第三章　社会类 PPP 项目 ……………………………………………… 105

　第一节　保障性住房 …………………………………………………… 105
　　案例20　加拿大卑诗省安置房行动项目 ………………………… 105
　　案例21　加拿大卡尔加里市 Bob Ward 住宅项目 ……………… 113
　第二节　教育 …………………………………………………………… 115
　　案例22　澳大利亚新南威尔士州学校建设项目 ………………… 115
　　案例23　澳大利亚北领地帕默斯顿市学校建设项目 …………… 118
　第三节　文化 …………………………………………………………… 124
　　案例24　澳大利亚维多利亚州墨尔本会议中心项目 …………… 124
　第四节　卫生 …………………………………………………………… 130
　　案例25　澳大利亚皇家妇女医院项目 …………………………… 130
　　案例26　南非艾伯特·卢图利酋长中央医院项目 ……………… 134

第四章　政府类 PPP 项目 ……………………………………………… 140

　第一节　司法和执法 …………………………………………………… 140
　　案例27　澳大利亚维多利亚州监狱和看守所项目 ……………… 140

  案例28 澳大利亚南澳州警察局和法院项目 …………………… 144

 第二节 行政……………………………………………………… 148

  案例29 美国亚利桑那州渔猎厅总部项目 ……………………… 148

 第三节 防务……………………………………………………… 153

  案例30 美国通用汽车沙漠试验场建设项目 …………………… 153

英文缩写对照表 ……………………………………………………… 159

参考文献 ……………………………………………………………… 160

后记 …………………………………………………………………… 162

第一章　PPP 基本知识

自 20 世纪 80 年代以来，政府和社会资本合作模式（Public-Private Partnerships，PPP）就以建设—运营—移交（BOT）等方式在我国开展，但其关注点主要在融资。因其发展的片面性，致使一哄而起，大起大落。党的十八届三中全会做出全面深化改革的决定，PPP 成为依法治国、转变政府职能、发挥市场在资源配置上的决定性作用的重要抓手。在当前新一轮推广运用 PPP 工作中，更强调政府和社会资本的全过程合作。PPP 不仅是一种融资机制，更是一种转变政府职能、创新预算管理、公平市场准入、优化资源配置和维护市场统一的体制机制变革。

第一节　PPP 的定义及其要素

PPP 是 20 世纪 80 年代开始的一种政府市场合作发展模式。各国发展重点不同，发展阶段也不同，因此对 PPP 的定义也是多种多样，称谓不一。

2014 年 9 月 23 日，我国财政部发布《关于推广运用政府和社会资本合作模式有关问题的通知》（财金〔2014〕76 号），开篇指出："政府和社会资本合作模式是在基础设施及公共服务领域建立的一种长期合作关系。通常模式是由社会资本承担设计、建设、运营、维护基础设施的大部分工作，并通过'使用者付费'及必要的'政府付费'获得合理投资回报；政府部门负责基础设施及公共服务价格和质量监管，以保证公共利益最大化"。

为了从多个角度了解 PPP，这里也介绍几个主要国际机构对 PPP 的定义：

世界银行[①]：PPP是政府和社会资本就提供公共产品和服务签订的长期合同，其中社会资本承担实质风险和管理责任。

亚洲开发银行[②]：PPP是为开展基础设施建设和提供其他服务，政府和社会资本之间可能建立的一系列合作伙伴关系。

联合国培训研究院[③]：PPP包含两层含义，其一是为满足公共产品需要而建立的政府和社会资本之间的各种合作关系，其二是为满足公共产品需要，政府和社会资本建立伙伴关系进行的大型公共项目的实施。

欧盟委员会[④]：PPP是政府和社会资本之间的一种合作关系，其目的是为了提供传统上由政府提供的公共产品或服务。

上述定义虽然不尽相同，但可把PPP的要素归结为：旨在提供公共产品和服务，包括基础设施；政府和社会资本通过契约形成平等的长期合作伙伴关系，实现项目全生命周期管理；在政府和社会资本之间优化风险分配，使提供的公共产品和服务比传统政府采购模式更物有所值（Value for Money, VfM），实现利益共享。

第二节　PPP的常见类型

按照服务于经济社会发展的不同方面，PPP项目大致可分为经济、社会和政府三类。经济类包括交通运输、市政公用事业、片区开发、节能等领域；社会类包括保障性住房、教育、文化、卫生等领域；政府类主要服务于司法执法、行政、防务等领域。

按照PPP项目运作方式分类，主要包括委托运营（O&M, Operations & Maintenance）、管理合同（MC, Management Contract）、租赁—运营—移交

[①] World Bank. *Public-Private Partnership Units*. 2007. P2.
[②] Asian Development Bank. *Public-Private Partnership Handbook*. 2008. P1.
[③] United Nations Institute for Training and Research. *PPP-For Sustainable Development*. 2000.
[④] European Commission. *Guidelines for Successful Public-Private Partnerships*. 2003. P16.

（LOT，Lease-Operate-Transfer）、建设—运营—移交（BOT，Build-Operate-Transfer）、建设—拥有—运营（BOO，Build-Own-Operate）、转让—运营—移交（TOT，Transfer-Operate-Transfer）、改建—运营—移交（ROT，Rehabilitate-Operate-Transfer）、以及这些方式的组合等。具体运作方式的选择主要由融资需求、改扩建需求、收费定价机制、项目投资收益水平、风险分配基本框架和期满处置等因素决定。

上述运作方式的命名以公共资产的所有权/使用权等的控制状态为基础，在我国国内实践中应用较多。国际上还存在另一种并行的命名法，即以政府转移给社会资本的职能多少为基础，例如，设计—建造—融资—运营—移交（DBFOT，Design-Build-Finance-Operate-Transfer）和设计—建造—融资—运营（DBFO，Design-Build-Finance-Operate）。虽然两种命名法能够相互衔接，例如 BOT、BOO 可分别与 DBFOT、DBFO 对应，但是这些概念经常混在一起使用，容易引起迷惑，需注意区分。

按照社会资本、特许经营者和项目公司获得收入的方式，PPP 项目可分为如图 1-1 所示的三类：使用者付费方式、政府付费方式和可行性缺口补助方式（Viability Gap Funding/Subsidy，VGF）。

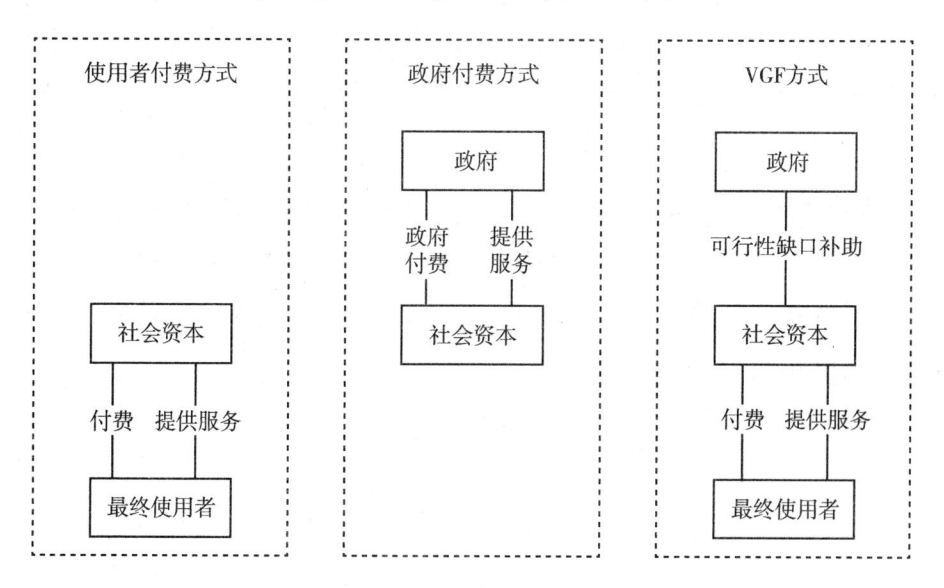

图 1-1　PPP 项目的三种支付方式

使用者付费方式通常用于可经营性系数较高、财务效益良好、直接向终端用户提供服务的基础设施项目，如市政供水、城市管道燃气和收费公路等。

政府付费方式通常用于不直接向终端用户提供服务的终端型基础设施项目，如市政污水处理厂、垃圾焚烧发电厂等，或者不具备收益性的基础设施项目，如市政道路、河道治理等。

VGF方式指用户付费不足部分由政府以财政补贴、股本投入、优惠贷款和其他优惠政策的形式，给予社会资本经济补助。VGF通常用于可经营性系数较低、财务效益欠佳、直接向终端用户提供服务但收费无法覆盖投资和运营回报的基础设施项目，如医院、学校、文化及体育场馆、保障房、价格调整之后或需求不足的网络型市政公用项目、交通流量不足的收费公路等。

第三节　PPP项目操作流程

PPP项目操作流程可分为项目识别、项目准备、项目采购、项目执行和项目移交等5个阶段，每个阶段又可分为若干步骤（PPP项目操作流程见图1-2）。

PPP项目操作较复杂，步骤多，周期长，对政府的管理能力要求较高。实践中，政府往往难以独自完成整个操作流程，需借助法律、技术、财务、环境以及其他领域的专业顾问力量。合理选择并有效管理顾问团队，对PPP项目的顺利实施至关重要。

第一章　PPP 基本知识

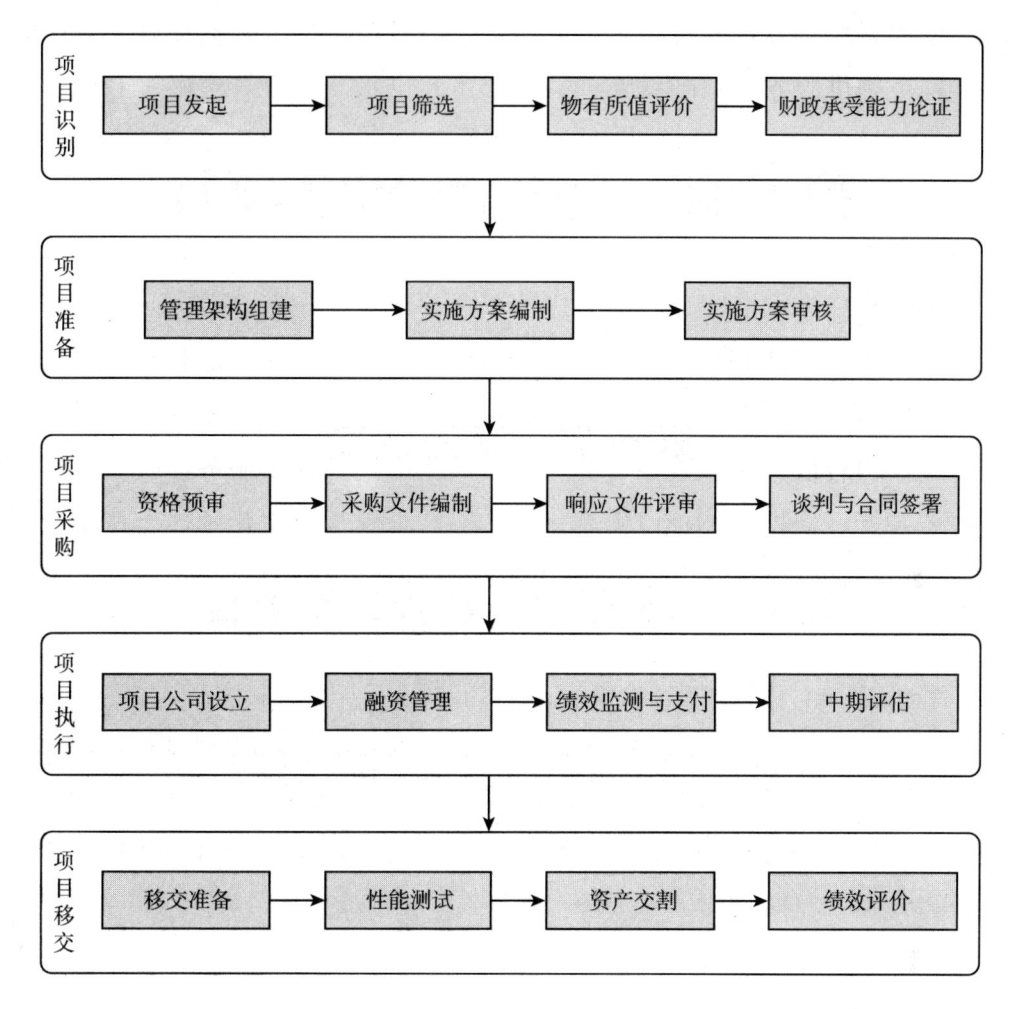

项目识别：项目发起 → 项目筛选 → 物有所值评价 → 财政承受能力论证

项目准备：管理架构组建 → 实施方案编制 → 实施方案审核

项目采购：资格预审 → 采购文件编制 → 响应文件评审 → 谈判与合同签署

项目执行：项目公司设立 → 融资管理 → 绩效监测与支付 → 中期评估

项目移交：移交准备 → 性能测试 → 资产交割 → 绩效评价

图 1-2　PPP 项目操作流程图

第二章 经济类 PPP 项目

第一节 交通运输

案例1 英国 M6 收费公路项目[①]

> 【案例特点】本项目是英国第一条采用 PPP 模式的使用者付费公路，特许经营期长达 53 年。由于公众反对收费，项目在签署特许经营协议后延误 8 年才实际启动，经各方努力，最终得以成功实施。案例重点介绍了对公众反对、设计标准变更以及其他风险如何进行分配和管理的经验。对再融资收益的处理体现了 PPP 下风险与收益对等的原则。

一、项目概述

（一）项目背景

随着经济的发展，英国西米德兰兹郡城市圈中的 M6 公路主干道已拥挤不堪，急需修建一条支路（即 M6 收费公路）以缓解交通压力。由于政府资金不足，1991 年英国政府决定尝试采用 PPP 引入社会资本，计划通过设计—建造—融资—运营—维护（DBFOM）特许经营方式实现项目产出。

M6 收费公路是 1992 年英国政府启动"私人融资倡议（Private Fi-

[①] U. S. Department of Transportation. *Case Studies of Transportation Public-Private Partnerships around the World*. 2007. 3–7 至 3–11.

nance Initiative，PFI）"后的第一条通过 PPP 模式建设的公路，根据当年签署的特许经营合同，在长达 53 年的特许经营期内，社会资本方负责项目的设计、建造、融资、运营和维护。但由于当地民众的反对以及法律方面的障碍，导致项目直到 2000 年 9 月才正式启动，2003 年 12 月正式通车，特许经营期持续到 2054 年。

（二）项目范围

M6 收费公路是西米德兰兹郡城市圈中的一条长 27 英里（44 公里）的六车道公路支路，建设总投资约 17 亿美元（约 9 亿英镑）。M6 收费公路的北端在斯塔福德郡坎诺克附近与 M6 免费公路的 11 号交叉口相连，沿线经过斯塔福德郡、西米德兰兹郡和沃里克郡，连通已有的 A5、A38 和 A446 公路，南端在沃里克郡的科尔斯希尔与 M6 免费公路东部的 4 号交叉口相连。

通行车辆在公路两端的收费站或沿途出口收费站付费，费用根据车辆类型和通行时段而有所差异，可采用现金、信用卡以及电子收费（Electronic Toll Collection，ETC）等方式支付。

（三）主要参与方

- 政府方：公路局。由欧文·威廉姆斯有限公司代表政府方，作为项目的管理机构，负责包括这个项目在内的西米德兰兹地区公路系统的建设；
- 特许经营方：米德兰公路有限公司。由麦格理基础设施集团占股 75%，高速公路公司占股 25%。

根据职责分工，其他利益相关方还包括：

- 技术顾问方：雅各布斯·百泰公司，承担技术审批机构、认证工程师和融资方技术顾问的角色；
- 建设方：CAMBBA 建设集团，由 Carillion、Alfred McAlpine、Balfour Beatty 和 Amec 出资组成；
- 运营方：Ascom Monétel 公司；
- 融资方：东方汇理银行（主融资方）、国民威斯敏斯特银行、巴克莱银行；

• 其他顾问方：德累斯顿投资银行、Ashurst Morris Crisp、Berwin Leighton。

二、风险分担与管理

(一) 公众反对

英国在20世纪90年代修建的道路大多采用影子收费模式，用户无须为使用道路直接付费，而是由政府根据道路使用情况通过公共资金和交通项目专项资金向项目建设者付费。多数英国民众已经习惯了"免费"的道路，故对直接针对用户的收费模式持有抵触情绪。虽然政府于1991年就决定修建M6收费公路，但使用者付费机制引发当地民众的强烈反对，甚至导致项目陷入了冗长的法律程序。

为平息公众反对，PPP各参与方积极协调，并做出了一定的让步和妥协，最终与反对者联盟达成了停止抵制活动的协议。特许经营方根据协议，满足了反对者提出的一些条件，并承担相应增加的成本。此外，考虑到周边社区环境的敏感性，M6收费公路还特别使用了降噪沥青，以降低公路对周围居民生活环境的影响。

(二) 标准变更风险

特许经营合同签署8年后项目才开始设计和建造，期间公路局修订了多项道路设计标准，因此对项目成本造成了影响。由于这些修订由公路局造成，与特许经营方无关，所以设计标准变更导致的风险由政府方，即公路局承担。

(三) 其他风险

根据合同约定，除标准变更以外，其他所有风险将由特许经营方承担，具体包括规划、交付、成本、质量、收益，甚至一些法定风险。解决民众反对问题后，特许经营方对上述风险进行了有效管理，主要得益于：

- 特许经营方的技术能力和经验；
- 特许经营方对项目的长期投入；
- 特许经营方被授予了技术质量审批权，使得结构检查和审批及时进行，保证项目设计和建造按计划启动；
- 签订包括收费系统交付在内的完整合同；
- 特许经营方和政府方（公路局）建立并保持了积极有效的合作伙伴关系。

三、项目现状

在该收费公路正式投入使用两年以后，政府发布了这两个年度的监测报告，显示小汽车的通行量与预期基本相符，但是卡车通行量远低于预期水平。

2006年5月下旬，政府批准了麦格理基础设施集团通过11亿美元的债务重组对项目进行再融资，以使项目债务在长达54年的特许经营期内与其预期现金流更好的匹配。债务重组预计可以使麦格理基础设施集团获得约7亿美元的收益。

由于麦格理基础设施集团主导的特许经营方承担了项目的几乎所有风险，所以与其他由政府资助的PPP项目不同，麦格理基础设施集团无须与政府方——公路局分享再融资的收益。但是，麦格理基础设施集团为了证明对该地区长期发展的责任心，同时也作为对公路局支持的回报，决定将再融资所获收益的30%用于将M54公路延长至M6收费公路，并在M6收费公路南段扩建一段立体交叉道。这些项目的建设使得M6收费公路变得更加便利。

四、经验教训

作为英格兰第一条向过往车辆直接收费的公路，M6收费公路大胆尝试采用PPP模式开发项目，拓展融资渠道，降低风险，实现了政府和社会资本的共赢。公路局在不增加政府负担的情况下实现项目开发，满足了公共需求；麦格理基础设施集团则由于地区公路网便利程度的提高和公路车流量的增加，实现了收益，还取得了债务重组再融资收益的70%，并且通过支持当地公路设施建设而树立了良好的公众形象。

另一方面，民众对使用者付费机制的抵触使 M6 收费公路遭到了强烈反对，导致项目延误时间长达 8 年。可见，对公众加强宣传、争取社会理解，是 PPP 项目得以成功实施的关键因素之一。

案例 2　波兰华沙 S8 快速路项目[①]

> **【案例特点】** 该案例是波兰第一个采用 PPP 模式建设、翻新并运营维护的快速路项目，在当时法律法规框架下，务实采用了影子收费方式，由政府付费。案例的突出特点是政府和社会资本职责分工明确。另外，政府为支持项目获得欧盟赠款而增加建设期公共资金投入的特殊做法虽然不具有普遍性，但为此而注重对 PPP 项目全寿命期现金流和财务可行性分析的做法值得关注。

一、项目概述

（一）项目背景

S8 快速路（E67 欧洲公路）华沙至彼得库夫特雷布纳尔斯基路段是连接华沙城市圈和上西里西亚工业区两个重要经济活动中心的关键通道，对促进波兰的经济发展起着至关重要的作用。但是根据当时状况和未来交通流量预测，若不尽快采取措施，该路段将更加拥挤不堪。有人建议将这一路段扩建升级为大容量的收费高速公路。但由于相对于快速路，建设收费高速公路需要修订波兰高速公路管理局制定的高速公路与快速路建设时间表，以及两部法令（2004 年的高速公路与快速路路网法令、2002 年的收费高速公路法令），因此这一设想迟迟未能纳入波兰的高速公路建设规划。在此背景下，政府选择采用 PPP 模式推进项目实施，也使该项目成为波兰第一个采用 PPP 模式建设、翻新并运营的快速路项目。

---

① INECO. *Public-Private Partnership Options for the Second Generation of Motorway Developments in Poland.* 2006. P186 – 196.

（二）项目范围

根据特许经营协议，重建总长为 132 公里的 S8 快速路华沙—彼得库夫特雷布纳尔斯基路段为特许经营的基本内容，主要包括：

- 政府将现有道路移交给特许经营方，以体现实物投入支持；
- 特许经营方负责道路修缮、升级（根据提高行车安全性的需要，可以修建新的立体交叉道和立交桥）、拓宽（用来容纳未来可能的交通流量的增加），并配备设施以减少项目造成的环境污染；
- 特许经营方负责项目完工后的运营和维护；
- 项目采用影子收费方式，不直接向通行车辆收费。

另外，基于完整的分析和研究，如果证明具备财务可行性，则项目的范围可以拓展到总长为 77 公里的其他 4 个路段的建设、运营和维护，以解决华沙南部的短距离交通问题，提高社会对该项目的接受度，并有利于分流从华沙到 S8 公路的车辆，进一步缓解交通压力。

二、项目结构

（一）参与方职责

1. 波兰交通部/高速公路管理局

- 负责总体设计、可行性研究、投标文件和特许经营协议等方面工作，确保政府利益得到适当保护，以及项目过程中的充分竞争（包括根据政府长期收费政策制定项目收费标准）；
- 将现有快速路移交给特许经营方进行升级和运营；
- 为拓宽和建设路段征收必要的土地，并移交特许经营方；
- 在建设期内为项目提供其它必要的公共援助（包括安排欧盟赠款资金）；
- 监督和控制特许经营方的绩效；
- 按影子收费模式向特许经营方付费（每年按照特许经营方绩效进行调整）。

2. 特许经营方

- 负责为实施该项目进行股权和债权融资；
- 负责设计和重建 S8 华沙—彼得库夫特雷布纳尔斯基路段，包括建造新的立体交叉道和立交桥，拓宽道路并配备相关设施以减少项目对环境的影响；
- 如财务可行，负责城市快速路另外 4 个路段的设计、建造和运营；
- 负责取得所有必需的道路建设许可证等法律许可；
- 确保上述路段的运营和维护符合特许经营协议要求（尤其是服务质量方面）；
- 在特许经营期满后，负责将符合特许经营协议要求的上述路段移交给路政管理部门。

（二）风险分担

政府方：承担法律和政治风险；

社会资本方：承担项目技术、融资、运营、流量等风险。

三、过程分析

使用影子收费模式而非传统的政府融资模式，其优势在于可以将项目成本平均分摊到整个项目周期。这意味着由政府支配的财政资金在一定时期内可用于资助更多基础设施项目建设，而且其中一些项目也可因此提前完成（与传统的政府融资模式的情况相比）。

但是政府向社会资本方支付的报酬需均摊到 20 年以上的项目周期中，这为该项目在申请欧盟赠款资金时带来不便。因为：（1）政府要将每年付费分成符合 EU 资助标准部分和其他部分；（2）很难预测该项目、地区或国家能否在长时期内一直符合欧盟赠款支持标准。这意味着或许数年后将动用国家公共资源向社会资本方支付报酬；（3）即使该项目长期符合资助标准，欧盟资金也会根据项目的不同阶段进行调整。

政府通过在建设期内增加对该项目的支持从而减少项目后期每年公共资源在该项目中的支出。这种方法尽管会减少 PPP 模式的吸引力，却会增加获得欧盟资助的可能，并且与传统的政府融资和无欧盟援助的影子收费模式相比，还可降低国家财政对项目的支出。

图 2-1 展示了建设期内，在有/无欧盟资金援助情况下的社会资本方现金流和政府资金投入。

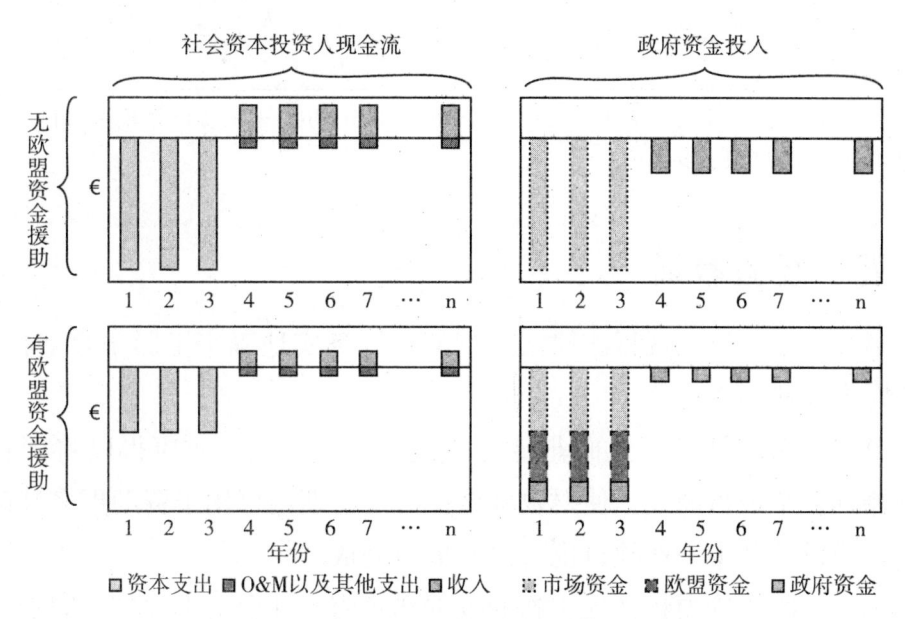

图 2-1 社会资本方现金流和政府资金投入

四、财务信息

初步财务分析结果是：(1) 假设特许经营期为 30 年，初步估算出项目的财务内部收益率为 10.4%，高于财务可行的最低限值 9.3%；(2) 项目可以不需政府资金支持；(3) 在项目投标阶段，可将特许经营期作为主要的竞标变量。

表 2-1　　　　　　　　　　　初步财务分析

项目类型	影子收费
全长	209 公里
政府要求特许经营方重建的路段	132 公里
特许经营方可选的路段	77 公里
建设成本	124.7 万欧元
其中政府出资	0 欧元

续表

项目类型	影子收费
特许经营期	30 年
平均每公里车流量的影子收费额 　　政府要求特许经营方重建的路段 　　特许经营方可选的路段	0.07 欧元 0 欧元
内部收益率	10.4%

注：该分析基于一系列假设和估算，不一定精确。该分析用于检查提议方案是否可行。项目实施的具体决策还需进一步研究。

五、经验教训

第一，本项目在现行法律法规框架下，务实地确定了影子收费模式，由政府而非使用者付费。

第二，采用 PPP 模式而非传统的政府提供模式，政府得以将项目成本分摊到整个项目周期，使财政资金在一定时期内可用于资助更多基础设施项目建设，其中一些项目也可因此提前完成。

第三，既明确项目必须实施的范围和政府、社会资本方各自职责，又在财务可行的基础上安排了四条可选的建设路段，体现一定的灵活性。

案例 3　美国马萨诸塞州 3 号公路北段修缮扩建项目[①]

【案例特点】本项目是美国马萨诸塞州首个采用 PPP 模式的公路项目。马萨诸塞州为此进行了特别立法，允许创新融资方式，由社会资本按照美国相关规定发行 30 年期免税债券融资，并由州政府负责逐年偿还。虽然政府仍承担绝大部分融资风险，但摊薄了预算支出压力。同时，政府和社会资本 PPP 经验不足，合作关系不成熟，造成项目拖延，双方在完成公路的修缮扩建后就结束了 PPP 合同，未能实现立法允许的设计—建造—运营—维护（DBOM）特许经营模式，也因此不涉及通行费支付方式。

---

① U.S. Department of Transportation. *Case Studies of Transportation Public-Private Partnerships around the World.* 2007. 3-51 至 3-62.

一、项目概述

(一) 项目背景

3号公路北段始建于20世纪50年代,是美国马萨诸塞州一条连接波士顿市北部郊区和新罕布什尔州的州际公路。该公路设计为四车道一级公路,但在封闭性和一些设计特性方面(如路肩宽度)未达到美国州际标准。该公路作为各类车辆往返新罕布什尔州和马萨诸塞州东部的主干道,是连接新罕布什尔州南部郊区社区、马萨诸塞州北部和波士顿周围主要就业中心之间的交通要道。

自建设初期,该道路的维护工作由马萨诸塞州交通行政办公室/公路局(EOT/MassHighway,以下简称"州公路局")负责。20世纪80、90年代,随着车流量的增加,公路路况日益恶化,但由于州政府预算紧张,各类公路、桥梁的拓宽和维修迟迟难以启动,包括该公路在内的诸多项目修缮工作已被推迟十年以上。

20世纪90年代后期,州公路局开始为这些项目寻求其他的融资和交付方式,旨在不影响州内路桥工程建设的基础上推进道路维修。3号公路北段因为年久失修,急需修缮和拓宽而成为首选项目。

通过1999年的特别立法,州公路局获得了创新项目融资和交付方式的权力,包括:(1)为项目安排长期免税融资;(2)可与社会资本方签订特许经营合同,授予特许经营权,以将项目开发为设计—建造—运营—维护(DBOM)模式;(3)与社会资本方对公路沿线进行联合开发,并共享收益。在政府缺乏改善公路资金的情况下,上述措施对推进这个价值3.85亿美元的项目有着相当重要的意义。

2000年8月,该项目计划启动实施,拟首先通过设计—建造(DB)模式修缮和拓宽3号公路北段。由于政府方和社会资本之间关于项目范围、成本和进度等方面的预期存在不一致,DB合同被推迟了三年才签订。并且由于这一问题,在2006年底完成建造后,州公路局不愿意在合同中再增加运营和维护条款。

（二）项目范围

3号公路北段修缮项目包括以下部分：

- 修复连接马萨诸塞州伯灵顿95/128干线到新罕布什尔州边界的21英里路段；
- 由4车道拓宽为6车道，另外增加10英尺宽的路肩；
- 重建公路沿线47座已经损坏且需要拓宽的桥梁；
- 改造13个交叉路口，以提高公路的承载量，同时将配套设施升级，以符合现行的设计和运营标准；
- 建造停车换乘设施；
- 在公路沿线安装光纤电缆，以满足州公路局的通信需求，并可以出租给私营电信供应商。

（三）项目目标

- 通过拓宽车道减少拥堵、节省交通时间，为使用者提供更高水平的服务；
- 使以前因为3号公路的过度拥堵而绕道行驶的车辆重新选择该公路行驶，缓解其他道路的交通压力；
- 通过修缮公路沿线的陈旧路段、桥梁和交叉路口，提升道路交通安全性。

二、项目结构

（一）主要参与方

- 州公路局作为政府方，负责项目监管、合同管理和质量保证。
- 以现代大陆工程公司为首的项目承包人团队（以下简称现代大陆团队），包括：

——建设：现代大陆工程公司

——设计：URS公司和朱迪思工程公司

——交通管理：VHB 公司
——质量保证：Keville 公司
——运营和管理：罗伊·约根森联合公司
——环境合规性：智能协会，环境顾问
——社区外展：里根通讯及桑伯尔尼集团
——融资：所罗门美邦
——法律顾问：欣克利，艾伦·斯奈德
——债券法律顾问：明兹·莱文

（二）风险分担

马萨诸塞州政府承担了绝大部分融资风险。在本项目 DB 模式下，现代大陆团队主要承担了项目成本、进度和质量相关的风险。

三、过程分析

（一）项目准备

20 世纪 90 年代末，马萨诸塞州州长、议会以及州公路局都意识到 3 号公路北段的修缮工程至关重要。但由于州政府交通领域的财政资金紧张，他们认为 3 号公路北段的修复项目应该利用社会资本进行融资，并通过创新方式推进项目实施，而不是从马萨诸塞州其他的公路和桥梁项目中获取资金。但是，州公路局在法律上无权采用 PPP 模式利用社会资本融资，或者改变设计—招标—建造这一传统的政府提供方式。因此需要进行特殊立法赋予州公路局权力以推进项目实施。

（二）立法过程

1999 年 8 月，马萨诸塞州立法机关通过特别立法，使该项目在采购和融资方式上享有法律豁免权。立法允许州公路局就项目的设计—建造部分进行招标，投标人要在一个单一的采购程序下对项目进行综合设计和建造，并规定在政府同意的前提下，中标人可以运营并维护这些设施。特别立法使州公路局能够根据最优原则选择社会资本方。除价格外，选取的标准还包括：
- 设计方案的质量；
- 项目整体交付日程表；
- 建造期间维持交通的方法；
- 质量保证和质量控制的方法；
- 获得环保许可的方法；
- 提出的融资计划（不包括过路费）。

此外，特别立法还鼓励社会资本方设立特殊目的公司来保证项目融资，同时允许政府与社会资本方对收入进行分成，以降低政府成本。

（三）交付

项目完工之后，州公路局接管了公路的运营和维护。

四、财务信息

现代大陆团队组建了3号公路北段交通改善协会来为项目融资。这是一家非盈利机构，采用"63-20"组织形式，按照美国国税局相关规则，可发行免税债券。

3号公路北段交通改善协会发行了为期30年的免税债券，用于支付项目施工阶段的设计、建造和维护费用，由州政府利用与年度支付计划关联的预算拨款进行偿付。由此形成了社会资本负责融资、政府负责实际出资的模式，这有利于加快交付进度并控制项目成本。

同时，现代大陆团队还通过以下策略加强项目的融资能力：
- 由3号公路北段交通改善协会为债券购买保险，使债券被惠誉和标准普尔评为AAA级，从而降低了债券成本；
- 由现代大陆公司担任项目风险的共同保险人；
- 在州政府会计年度后期交付租金，以消除对流动性偿债准备金的需求；
- 由所罗门美邦先期支付900万美元作为购买协议的预付资金；

- 委托独立机构负责在项目建设期内管理债券融资资金的支出。

此外，双方还约定了经营收益共享机制，以进一步激励现代大陆团队，例如：
- 服务区的建设和转租；
- 公路沿线多余的地下光缆的出租；
- 公路航空业务权的租赁。

然而，由于现代大陆团队在设计—建造合同中没有完全履行自身义务，因此，无法完全行使这些权利并享受到收益。

五、项目现状和关键问题

（一）项目现状

项目于 2000 年 8 月开始，原计划用时 42 个月，于 2004 年 2 月完成施工。但由于州公路局和现代大陆团队在项目范围、成本和进度上产生分歧，尤其是在协商合同具体条款时产生分歧又未能及时解决，导致项目进度被迫放缓。当因各种问题延误项目启动和最终验收时，这些冲突表现得尤其明显。项目完工日期因此而被推迟了近三年时间。

项目资金投入为 3.85 亿美元，包括设计成本、建造成本、施工期间的维护（除冰雪控制）成本、光纤光缆的安装成本以及融资成本。随着项目的进行，项目预算根据州公路局批准的项目范围调整为 3.88 亿美元。

根据合同条款，由于项目无故超出合同约定的时间进度，州公路局可按照每天 10 450 美元的标准，最多收取 365 天的违约金。经估算，现代大陆团队违约金支付金额为 380 万美元，约占项目总成本的 1%。项目于 2006 年底完成，比原计划晚了 34 个月。此外，现代大陆团队一直无法获得政府立法授予的私人开发权利，而其原本希望借助这些权利以获取利润，弥补项目成本，并与承包商分享这些权利以激励其工作。

考虑到项目实施中遇到的困难，州公路局不打算将现代大陆团队的 DB 合同扩展为一个全面的 DBOM 合同，但与现代大陆团队继续签订了一个为期 18 个月的增补合同，花费数百万美元在公路沿线设计和建造噪音墙。

尽管存在各种困难和延期，但该项目对 PPP 的所有成员来说都是一次锻炼。如果使用传统的方法，项目需十年才可能完成。随着项目接近尾声，州公路局可将这个项目的经验教训用于其他项目，以充分利用有限公共资源有效地开发和管理更多项目。

（二）关键问题

传统的设计—招标—建造（Design-Bid-Build，DBB）模式中项目交付的一个重要特征是，项目从设计开始到建造结束，政府对项目的结果承担主要责任。传统模式需要大量的报告、质量保障和控制活动来确保承包商能够在按时、不超支、符合标准且保证质量的情况下交付项目，因此需要较长的时间。为了更大程度地提高设计和建造过程的一体化，降低项目成本，加快项目交付，州公路局和现代大陆团队签订了 PPP 协议，约定后者对项目结果承担更多责任。

由传统的 DBB 转为 PPP 模式显示了政府和社会资本方观念上的转变。但是，由于州公路局和现代大陆团队都没有管理这类具有灵活性、适应性和协作性的 PPP 合同的经验，现代大陆团队也从未对项目结果承担过如此重大的责任。此外，双方的不信任感依然难以调和，尤其是现代大陆团队希望在 DB 合同中进行成本和时间进度的调整时，双方矛盾更加突出。

（三）挑战和应对措施

1. 资金风险

3 号公路修缮工程的主要问题是资金问题。由于其他优先级别较高的项目占据了公共资金，因此，立法机构进行了特别立法授权州公路局通过创新的融资方法为项目的设计和建造进行融资。通过建立非盈利机构发行长期免税债券成功进行了融资，化解了资金风险。

2. 法律问题

州公路局最初没有使用创新的融资和交付方式的法律权力。在州长的支持下，立法机关最终通过了特别立法，允许该项目通过 DB 或 DBOM 方式进行交付，并且可以建立非盈利机构来发行长期免税债券进行融资。

3. 技术风险

由于道路老化需要修缮和拓宽，因此该项目对于州公路局和现代大陆团队都存在许多技术风险，如：

- 获得环境许可证的难度，包括得到当地环保法律和修正案的许可；
- 根据已完成的项目设计获得拓宽公路所需用地的时间和成本的不确定性；
- 在建造过程中发现现场情况的潜在问题，如危险品、增加的地下公用设施、岩石；
- 满足合同约定的项目质量、时间安排和成本限制等要求的能力。

州公路局负责为项目取得各种许可证，保留项目所需财产的征用权。现代大陆团队负责根据项目设计完成后发生的变化，为州公路局提供修改原有许可证的申请文件。

申请财产征用权所需时间比预计的要长，这在一定程度上导致了项目完工时间的延迟。项目额外用地所需的费用由州政府额外筹集，以消除合同中对项目用地费用估计的不准确性。

对于建造过程中在施工地点发现危险物品的风险，由现代大陆团队和州公路局共同承担，这有效降低了这些危险物品的处置成本。现代大陆团队在合同报价中考虑了剩余风险等因素。

4. 成本风险

成本风险可通过以下机制降低：

- 使用 DB 合同，该合同可将大部分成本风险交由承包商承担；
- 为项目统一单位价格；
- 在合同中注明基于绩效付费；
- 由州公路局通过现场验收保障工程质量。

5. 管理问题

新的项目交付方式对州公路局是一大挑战，例如新的采购流程、一体化设计和建造流程、支付结构调整空间减少，以及州公路局单独提供质量保障等。政府和社会资本的合作能力决定着能否共同实现项目目标。

负责该项目的州公路局工作人员最初没有既定的采购及合同管理流程或手册可参考，难以在流程上确保现代大陆团队遵守合同。针对这一问题，州公路局聘请了高水平的设计和建造团队负责监督工作。但是现代大陆团队对 DB 交付模式的经验不足，对合同要求承担的更大责任也不熟悉。因此，州公路局的监督团队和现代大陆团队之间难免会产生矛盾和冲突。

州公路局采用了以下方式来尝试解决问题：

- 在项目之初聘用有经验的合作者推动项目实施；
- 尽早召开研讨会，使项目的参与者熟悉 PPP 的概念和方法；
- 在 2005 年全年定期召开常务会议；
- 在整个项目期内，每周召开内部会议，每两周上报项目情况；
- 鼓励州公路局的工作人员根据现场情况做出决策，以加快项目开发进程和解决问题。

尽管做出了上述努力，但由于项目范围、职责，以及现代大陆团队申请工作日程调整的能力有限、项目方法和成本补偿问题，项目的实际进展与预期仍然存在很大差异。因此，降低了该项目的合作效率，造成了项目延期，现代大陆团队也为此支付了违约金。

由于现代大陆团队之前在与州政府合作的另一项目（中央干道/隧道工程）中，已熟悉了传统 DBB 流程和合同管理员的有限审查，因此在 3 号公路项目中，难以适应监督团队实施的严格审查。这导致州公路局的监督人员与现代大陆团队高层代表之间就时间和成本调整问题多次发生冲突。

若这些问题能在项目实施之前在文件中进行明确规定，政府方和社会资本方就能理解彼此的期望，也能了解项目成本和时间调整问题所允许的灵活度。此外，一个精炼且正式的问题解决流程可以使问题得到更快解决，减少项目的延误。

六、经验教训[①]

本项目是马萨诸塞州为加快交通改善而提出的一个独特而大胆的决

---

① 本案例经验教训来自英文原文。

定，使用创新的融资和交付方式。这包括第一份公路设计—建造合同，第一个通过"63-20"公益组织融资的项目，第一个为加快项目交付的 PPP 安排。虽然该项目在预算内建成，符合州公路局的设计标准和施工规范，但由于政府和社会资本在运用这一新方法的过程中遇到了困难，导致项目完成时间被严重拖延。这说明州公路局和现代大陆团队之间的合作关系仍不够成熟。如果州公路局和现代大陆团队在 PPP 项目上有更丰富经验，双方将更容易识别不合格工作，减少额外成本，确保项目进度，并及时解决问题。PPP 模式成功的一个先决条件是：项目参与方应清楚地了解各自的角色、责任、风险和回报，以及项目合同的灵活程度。

案例 4　法国西班牙跨国铁路项目[①]

> 【案例特点】该案例是铁路领域跨国合作的 PPP 项目，显示了在复杂的跨国谈判以及招标延误的情况下，PPP 模式能够帮助重要基础设施及时建成，还表明基于良好的需求和收入预测，可将风险向社会资本进行实质性的转移。作为铁路领域的 PPP 项目，成功的另一个重要因素是安排明确的政府补贴机制，政府补贴约占到总投资的 57%。由此还可判断，项目采用了可行性缺口补助（VGF）支付方式。

一、项目概述

1995 年，经过为期三年的谈判，欧盟各国最终达成协议，决定在欧洲 TEN-T（Trans-European Transport Network）铁路联接网建设中引入 PPP 模式。在该协议的推动下，法国政府和西班牙政府依据国际铁路联盟标准，建设了一条从法国佩皮尼昂至西班牙菲格拉斯的跨国铁路。

佩皮尼昂—菲格拉斯高速铁路长 50 公里，包括 5 座桥梁和一条 8 公里长的隧道，项目总投资近 10 亿欧元，其中 32% 用于修建隧道。项目建成后，将在法国和西班牙乃至欧洲铁路系统中起到重要的连接作用，预计

---

① European Commission. *Resource Book on PPP Case Studies*. 2004. P116-118.

可使法国至西班牙的货运时间缩短 10~12 小时，客运时间缩短 2 小时左右。

该项目实施过程中呈现出强大而有效的政府间合作。两国政府在合作中制定了统一、有效、可执行的招标程序。项目各方都在招标过程中积累了宝贵经验。项目采用的 PPP 模式和特许经营合同虽然借鉴自公路部门，但结合了项目自身特点，并得到了很好的应用。政府的有力支持也保证了招标的顺利进行。

二、项目结构

（一）项目特点

根据 1995 年达成的协议，该项目决定采用 BOT 模式，特许经营期为 50 年，项目合同文本由两国招标后共同确定。招标在法国和西班牙政府共同监督下，依照欧盟 93/97 号指令顺利完成。项目在实施中借鉴了法国在公路建设中运用 PPP 模式的经验，其主要特点如下：

- 政府负责项目设计；
- 社会资本方负责股权融资和商业银行贷款；
- 社会资本方负责项目建设，建设过程中得到法国、西班牙和欧盟共 5.4 亿欧元的资金补助，这些补助分 10 次支付，每半年支付一次；
- 特许经营期为 50 年，经营期结束后项目移交两国政府；
- 特许经营期内，项目由社会资本方负责运营。特许经营合同对社会资本方绩效做出严格规定，如不合格，将面临政府罚款；
- 铁路收费机制得到了民意支持。在运营前 3 年采用浮动费率，并对收费额的上限进行了规定；
- 项目必须在合同签订后的 60 个月内建设完成，融资方案则要在合同签订后的 12 个月内完成。

（二）风险分担

虽然该项目的意义重大，但鉴于其特殊性，项目也存在较大风险，且运营风险主要由社会资本方承担。政府和社会资本双方都采取了一系列措施以降低项目风险。这些措施包括：从融资角度来看，国家给予大量补贴，约占建设成本的 57%。社会资本方也为项目提供了银行担保等支持。另外，在预测铁路客流量时，社会资本方有动机来最大限度地增加铁路预测客流量，尽管如此，政府在项目融资模式清晰可靠的情况下，还是做出了准确的预测。

合同规定，若社会资本方运营不合格，政府将对社会资本方予以处罚，同时可随时终止合同。但项目的良好运营需要社会资本方和政府之间良好配合，也需要两国政府在项目实施中进行有效的合作。

三、过程分析

该项目从 2003 年 5 月开始招标，规定招标中不允许申请实施替代性技术方案，同时对招标的时间安排也进行了严格设定。

2003 年 10 月收到报价，2003 年 11 月开始同两家联合体谈判。2004 年 2 月 17 日签订特许经营合同。

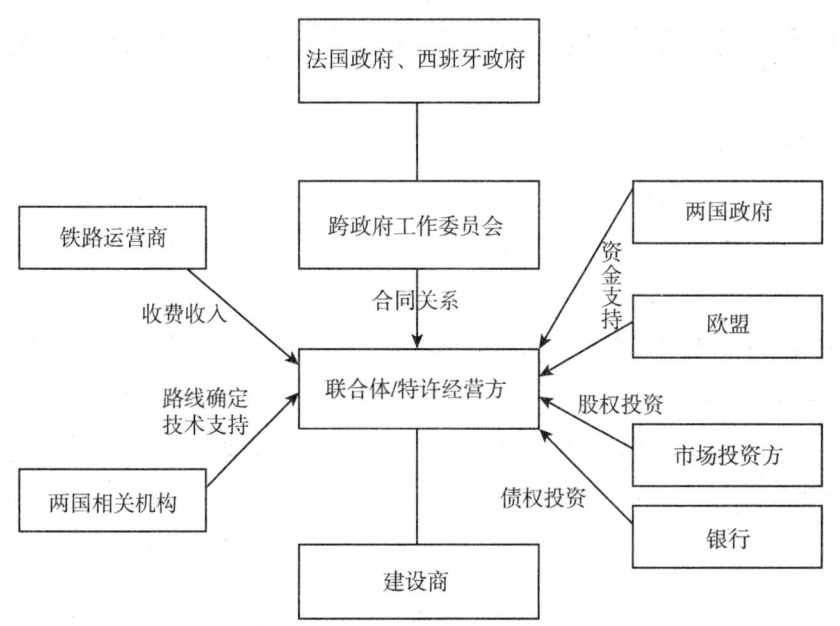

图 2-2　项目组织结构图

四、经验教训[1]

该项目体现了制订详细计划的重要性,与此同时,有效的监督和良好的管理结构对项目顺利完成也具有重要意义。主要经验教训包括:

第一,只要各方要求都得到满足,PPP 模式可适用于多个行业和领域;

第二,PPP 模式在铁路行业完全可行,在准确预测未来需求量的情况下,可将大量风险转移给社会资本方;

第三,在制订详细计划及有效监督的情况下,招标过程可以很快完成;

第四,国家的支持和政治承诺在推进项目招标和进行谈判过程中具有重要作用;

第五,简单明了的责任划分对项目实施大有裨益。本案例中,合同明确界定社会资本方的责任是建设、运营和维护。

案例5 英吉利海峡隧道连接铁路(CTRL)项目[2]

【案例特点】本项目运用 PPP 模式在英吉利海峡隧道和伦敦之间修建高速铁路,由社会资本方发起并自费编制实施方案,显示了社会资本对基础设施长期规划及其具体项目的影响和参与能力,体现了社会资本方更多地参与 PPP 项目前期工作。在社会资本方选择方式上,政府仍然采取了公平竞争方式,并未与发起者直接谈判。案例表明,对于重大基础设施项目,政府必不能将项目主要风险全部转移给社会资本,双方应根据情况变化及时重新谈判,合理调整风险分配,共同解决预期收入过于乐观、融资难等问题。这也使本项目社会资本方的职责由开始的特许经营最终调整为融资、建设和移交。

---

[1] 本案例经验教训来自英文原文。
[2] European Commission. *Resource Book on PPP Case Studies*. 2004. P119–123.

一、项目背景

英吉利海峡隧道连接铁路（Channel Tunnel Rail Link，CTRL）全长110公里，设计时速可达300公里，于2006年全部建成，总投入约50亿英镑。

20世纪80年代末，在英吉利海峡隧道建设时期，法国和比利时政府就已经开始计划在法国、布鲁塞尔和伦敦间建造时速达300公里的高速铁路。英国铁路公司坚持要求铁路线绕经位于伦敦的滑铁卢车站，该车站是英国新的国际性终点站。但这一做法不仅会显著增加旅途时间，还使肯特郡和伦敦东南部的铁路交通变得更加拥挤。

1987年8月英国交通部发表的《肯特郡发展研究报告》表明，若肯特郡不尽快修建新的铁路基础设施，英国东南部的铁路发展将受到限制。英国铁路公司研究了伦敦至英吉利海峡隧道的新方案，并在1989年发布了5条可以修建的路线方案。但由于民众并不愿意在铁路沿线购房，这一举措也可能为当时的房地产市场带来诸多问题。最终，英国铁路公司只选择修建了方案中的一条路线。

在20世纪80年代末，英国政府大力支持社会资本参与公共基础设施的发展，并出台了一系列支持政策。政策的出台，一方面是因为政府需要为基础设施发展进行融资，另一方面是因为其相信社会资本方在基础设施的设计、建造方面更加规范有效，在运作方面也更商业化。

二、项目过程

1988年，英国铁路公司邀请6家联合体为铁路的设计和建造提交建议书，但是建议书普遍存在技术和设计方面缺陷。而工程咨询公司 Ove Arup & Partners（Arup）于1990年3月研究和公布了一份更具技术优势的路线方案。其中基本遵循了已有的交通通道，但避开了房屋密集区，从东部通过新交通枢纽史特拉福进入伦敦。

Arup公司就此路线方案申请政府支持。英国政府于1991年10月认可该方案，并邀请 Arup 公司参与该项目。1993 年 3 月，英国政府宣布：

- 将由政府和社会资本共同组成合资公司建设英吉利海峡隧道连接铁路；
- 政府将为此项目提供资金支持；
- 经咨询公众意见，政府通过立法说明的形式，为联合体提供方案许可和项目所需的其他权利；
- CTRL 项目计划于 2000 年前投入运行。

由于 Arup 公司对原方案进行了修改，与英国铁路公司的最初提议不同，政府需重新通过竞争方式选定社会资本方。Arup 公司联合其他 6 家建造、运输、房地产开发和融资行业的公司共同组成了伦敦和大陆铁路联合体（London and Continental Railways，LCR）。自 1994 年 8 月起，LCR 与其他 3 家联合体经过 18 个月的竞争最终胜出，获得了 CTRL 项目的设计、建造、融资和运营资格，签订了特许经营协议，特许经营期为 90 年，期满移交给英国铁路公司。

1996 年，LCR 对工程进行了详细设计与规划，确定了融资数额，推动了项目正式实施。但到 1998 年底，LCR 意识到仅依靠之前和政府达成的融资计划难以完成 CTRL 项目融资。由于乘客数量低于预测值，LCR 的营业收入难以支撑项目融资。同时，英国铁路公司已开始私有化进程，成立了 Railtrack 公司，该公司在整个国家范围内运营铁路。此外，组建不足一年的新一届政府一直也反对前任政府在 PPP 方面的计划。

1998 年夏，政府为了保留这个项目，与 LCR、Railtrack 公司及其他金融机构重新进行了谈判。各方在 1998 年 10 月最终达成了一项协议：由 LCR 负责 CTRL 项目的融资和建设，项目建成后移交给 Railtrack 公司运营。LCR 依然保留与项目相关的土地开发权。此外，政府将为 LCR 提供一定担保，以保证项目的设计和建设进度。

该项目最后一次波折发生在 2001 年 11 月，Railtrack 公司在资金上无法满足项目的运营要求，导致项目被政府接管。一年后，Railtrack 公司改组为 Network Rail 公司。该项目的一期工程最终于 2003 年按时在预算内完成。项目一期建成后，伦敦到巴黎的客运时间缩短为 2 小时 35 分钟。

2006年，项目全部建成后，时间进一步缩短为2小时20分钟。

三、主要参与方

CTRL项目从提出到全部建成历时20年，期间主要参与方发生多次变化：

政府方：英国交通部。项目在最初设计时，由保守党执政的政府拟通过PPP模式对国家基础设施进行私有化改造。但在1997年项目准备开工时，工党成为执政党，接管了该项目工作。工党上台后对通过PPP模式进行私有化持反对态度。在项目整个实施的过程中，一共有7位交通部长参与了该项目。

社会资本方：项目设计和规划由Arup公司自费完成。设计和规划被政府接受后，由Arup公司和其他6家公司共同成立的LCR参与项目竞标。最终由LCR负责项目的设计和建造，同时还负责与项目相关的房地产项目的开发。

运营方：按照特许经营协议，项目应由LCR负责运营。1995年，英国铁路公司进行了私有化改造，成立了Railtrack公司来运营整个国家范围内的基础铁路设施。随着私有化的推进，相关参与方就本项目特许经营协议中的运营部分进行了重新谈判，1998年Railtrack成为CTRL项目的运营者。2002年，Railtrack公司被Network Rail公司替代。

四、项目现状

在Arup公司于20世纪90年代初提出CTRL项目时，其重点放在从肯特郡出发的高速铁路的货运和客运服务上，但该项目的实际运营并没有达到预期，其主要原因是最初的项目团队没有铁路运营经验，忽视了铁路运营可能遇到的问题。项目建成以后，虽然伦敦到巴黎的时间缩短为2小时20分钟，但是乘坐高速铁路从巴黎前往伦敦，以及从伦敦前往布鲁塞尔的人数大约仅为预期的一半。由于航空公司积极改善服务和减少费用，而铁路部门未能及时采取应对措施等原因，该项目未能促使火车替代飞机成为中心城市之间的最主要交通工具。但是该项目的建成也促进了巴黎、伦敦、布鲁塞尔等城市间交通运输的竞争。

五、经验教训[①]

铁路项目往往需要数年时间进行计划、设计、批准和建设，周围环境难免不发生变化，出现不可预期问题。铁路项目很难把主要的风险转移给社会资本方，当这类项目陷入困境时，政府除了支持现有团队之外没有其他的办法。该项目的成功得益于政府的持续支持和根据情况变化不断对PPP模式加以调整。

（一）建设阶段的经验教训

CTRL项目一期工程于2003年完成，总成本控制在了预算范围之内，项目于2006年全部完工。在整个建设过程中，社会资本方都发挥了很大的作用。

CTRL项目中，PPP模式为项目建设的按时完成提供了很大帮助，同时对于节约成本保证项目资金控制在预算范围之内也大有裨益。英国大量PPP项目的经验证明相对于传统的政府提供方式，PPP模式可以更加节约预算资金，同时还可以促使项目按时完工。

（二）运营阶段的经验教训

虽然项目在建设阶段很成功，但是在运营阶段，CTRL项目最终并没有带来预期的效果，这可能是由于社会资本方缺少铁路网络整合的实际经验，也可能是因为PPP项目由专长于设计和建设工作的公司承担，该公司主要把精力放在了基础设施建设方面，在市场拓展和服务提供方面做得不够。

另外，该项目建成后，旅客人数仅为预测数量的一半。收入的高估在铁路项目很常见。政府如果在项目开始时就意识到这一点，那么是否还会

---

① 本案例经验教训来自英文原文。

支持这个项目就值得探讨了。

案例6　英国赛文河第二大桥项目[①]

【案例特点】本案例介绍了英国赛文河第二大桥设计—建造—融资—运营—维护特许经营项目，由使用者付费，特许经营方同时还获得了第一大桥的运营维护和收费权，避免了两桥竞争。特许协议明确了定价机制并考虑了通货膨胀，还规定收费达到特定额度时，将提前终止特许经营期。案例还着重介绍了政府和社会资本方充分估计和应对潜在的环境、公众反对、对当地社区影响以及第一大桥老化等风险。

一、项目背景

赛文河位于英格兰与威尔士之间，阻断了两岸交通联络。1966年，赛文河第一大桥建成通车，打通了两岸交通。但随着交通流量的日益增长，到20世纪80年代中期，该桥已难以满足通行需求，需新建第二座大桥。

当地政府由于财政资金紧张，决定采用PPP模式吸引社会资本完成第二大桥的建设、运营和维护，同时接管第一大桥。

1984年，当地政府启动第二大桥前期准备工作，1986年确定建设方案。根据方案，第二大桥位于第一大桥下游5公里处，共有6车道，中央跨度1 482英尺（456米），总桥长3 081英尺（948米），距离河面高度120英尺（37米）。第二大桥建成后将有效缓解交通压力。

二、项目结构

（一）PPP 类型

该项目是英国第二个运用PPP模式的大桥项目，采用设计—建造—

[①] U.S. Department of Transportation. *Case Studies of Transportation Public-Private Partnerships around the World.* 2007. 3-18 至 3-25.

融资—运营—维护（DBFOM）特许经营模式，特许经营期满之后，大桥所有权将移交当地政府。

（二）主要参与方

- 政府方：英国国家道路局，负责出资建设第二大桥的引路。曼塞尔事务所作为政府的代理人；
- 社会资本方：赛文河大桥公司，由约翰·莱恩有限公司和GTM Entrepose公司各持股50%；
- 建筑设计方：托马斯·珀西事务所；
- 结构设计方：哈尔克罗事务所、SEEE公司、吉福德事务所；
- 建设方：VINCI公司、Cimolai Costruzioni Metalliche、弗雷西内有限责任公司；
- 融资方：美国银行、巴克莱银行。

三、项目分析

（一）特许协议

该项目于1984年启动前期准备工作，1986年确定建设方案，1989年有四家公司参与项目招标，最终赛文河大桥公司中标，1992年项目建成通车。

为配合项目实施，除特许经营协议外，1992年当地议会通过了《赛文河大桥法案》，其中明确规定特许经营期自1992年4月底开始，最长为30年。当过桥费收入达到特定金额后，特许经营期将提前结束，这一条款被写进了特许权协议，并在《赛文河大桥法案——1992》中体现。

（二）定价机制

该项目特许经营公司的唯一收入来源是从第一、第二大桥所收取的过桥费，且只自东向西单向收费。收入主要用于完善、运营和维护两座大桥。

定价机制根据自1989年以来物价指数增长情况，每年对收费标准进行调整，以消除通货膨胀的影响。按照定价机制确定的2006年收费标准如下：

- 9座及以下的轿车，单次收取9.1美元（4.9英镑）；
- 17座及以下的小型巴士和货车，单次收取18.2美元（9.8英镑）；
- 大型客车和卡车，单次收取27.3美元（14.7英镑）；
- 摩托车和持有残疾证的车辆免通行费，主车后挂的拖车或大篷车不另行收费。

用户付费既可以使用现金，也可使用"赛文TAG"电子收费系统。为鼓励使用电子收费系统，购买并使用该系统可获得56美元（30英镑）资金返还，同时无须停车或接受检查。该系统有两种支付模式：每月或每季支付一定费用，车辆可无次数限制通行；采用预付费方式，预先支付下个月所需过桥费。车辆通过大桥时，"赛文TAG"系统会自动对车辆进行分类并扣除费用。系统可在收费政策发生变动时相应自动调整。

四、财务信息

该项目总成本为10.79亿美元（5.81亿英镑），包括新建第二大桥，还清第一大桥剩余债务，以及特许经营期内这两座大桥的的运营和维护费用。

项目最终融资安排如下：

- 银行贷款3.53亿美元（1.9亿英镑）；
- BEI贷款2.79亿美元（1.5亿英镑）；
- 债券2.43亿美元（1.31亿英镑）；
- 政府债券1.11亿美元（6 000万英镑）；
- 特许权权益0.93亿美元（5 000万英镑）。

为降低债务成本，特许经营方分别在1997年和2002年对银行债务进行了重组再融资。

五、项目成果

第二大桥建成通车，以及第一大桥的修缮完成后，赛文河两岸通行的交通压力大大缓解。两座大桥的日均车流量约 66 000 辆。2005 年共向 2 000 多万辆通行车辆收取了过桥费。

六、问题与措施

（一）环境风险

第二大桥建设可能对赛文河两岸的生态环境产生影响。因此，需要在项目早期规划阶段处理好环境问题，避免因民众的环保抗议和诉讼，导致项目长期拖延。当地政府在 1987 年对环境问题和初步设计进行了深入研究，识别潜在问题并积极制定避免或化解措施，具体包括为施工开辟专用通道、建设独立的排水管网和排污口、建造大量的景观绿化和噪音隔离墙等。

（二）公众反对

公众反对是政府吸引社会资本方参与该项目中面临的又一潜在挑战。英国 M6 收费公路等其他项目就曾因公众反对而造成严重延误。为了解决这一潜在问题，1987 年至 1990 年，政府开展了广泛的公众宣传，积极与利益相关方进行沟通。根据公众意见，政府调整了桥口引路的选址，建设了较高的路堤和堤后湿地，将面向威尔士的收费站与周边社区隔离，并补建了大量园林绿化带，使收费站和赛文河两端的引路隔开。

（三）对当地社区的影响

第二大桥的建设工程还可能会给周边社区带来交通不便、噪音污染和空气质量下降等一系列问题。为减轻施工期间可能对当地产生的不良影响，特许经营方建设了专用支路，供运料卡车直达现场，而不经过赛文河两侧社区。此外，该项目中的政府和社会资本方与当地社区团体代表定期举行联络会议,以使其了解施工进度,并解决当地代表提出的问题。

(四) 第一大桥老化

第一大桥于 1966 年建成。检查发现其使用了 40 年的缆索存在严重的老化问题,对特许经营方构成潜在的交通、收入和成本风险,说明有必要进行一次更深入的全面检查。虽然这有待进一步的技术审查,但在缆索被修复之前,需要进行重量限制。这就给特许经营方带来了交通流量和收入的风险,可能会延迟对两座桥债务的偿还,并增加成本。

这种情况凸显了特许经营方在接管既有交通基础设施时面临的主要风险,这些风险需要在特许经营合同中说明。这些合同需要限定条件,在这些条件或者限制下,特许经营方有责任对第一大桥进行维护,但以下情形除外:

- 桥梁初始设计或建设施工质量差;
- 交通流量高于预期;
- 恶劣的天气条件。

特许经营方没有参与第一大桥的初始设计及建设过程,由其承担该风险并不合理。超出预期的交通流量和恶劣的天气条件等造成的桥体损坏同样不应由特许经营方承担维护。因此,特许经营合同对维护范围进行了限定,排除了一些难以预期或无法控制的不利因素,减轻了特许经营方的运营压力。

七、结论[①]

作为英国首批最大的 PPP 项目之一,各参与方都付出了巨大的努力,识别和处理各种环境、社区、技术问题。由于前期准备工作充分,项目在真正实施时遇到来自于公众的阻力非常小。在这个项目中,政府和社会资本方各负其责,形成了真正的 PPP 关系,带动了稀缺公共资源投入,使工程能够及时完成,为不断增长的交通需求建设了第二大桥,缓解了第一

---

① 本案例结论来自英文原文。

大桥的压力。

特许经营方同时获得第一和第二大桥的运营维护和收费权,有利于更好地管理赛文河两岸交通,以及对两座大桥的协调利用。

案例7 德国罗斯托克瓦诺隧道项目[①]

> 【案例特点】该案例是德国F模式下第一个交通PPP项目,采用使用者付费不足部分由政府补贴的"可行性缺口补助"支付方式。案例着重介绍了(1)F模式的相关机制设计;(2)项目不大成功的原因在于政府和社会资本方都缺乏经验,突出表现在预测交通流量相比实际水平过于乐观,最终政府因缺乏公共资金、无力接管项目而将特许经营期从30年延长到50年,引起了争议。这表明有效控制流量等关键风险的重要性。

一、项目概述

(一)项目背景

在罗斯托克地区,瓦诺河呈U形,老城区中心位于南部。由于地理环境的原因,现有道路按城市结构引导交通流量通过市中心和相邻区域。另外,由于罗斯托克市位于该地区的中心位置,每天有高达6万辆车要穿过该市。多年来,罗斯托克市的跨城环线公路面临着交通状况持续恶化的困境,大大降低了城市吸引力和发展空间,也加重了当地市民和经济发展以及整个区域环境的负担。修建罗斯托克北部和南部的环线公路正是为了缓解和改善这一状况,而修建瓦诺河隧道对于这一连接环线至关重要。

为解决跨越瓦诺河的技术问题,参与方分析了各种类型的桥梁和隧道方案。从功能和经济角度而言,隧道和桥梁方案均可行,但考虑到影响施工边坡坡度的地质因素,以及建造桥梁需要修建高路堤和一排排紧密的桥

---

① EAP³N Project. *Public-Private Partnership in Infrastructure Development: Case Studies from Asia and Europe.*

墩，隧道方案成为优先选择。另外，由于城市规划的原因，桥梁方案似乎更不可行。

罗斯托克市瓦诺隧道是德国基于 F 模式建成的首个 PPP 公路项目。1994 年出台的《德国联邦公路社会资本融资法案》是该项目的法律基础，也是向使用者收费的前提。由于该项目在没有德国联邦政府实质参与的情况下实施，因此项目变更了管辖权，罗斯托克市政府成为该项目的实施和特许权授予方。

在瓦诺河底修建地下隧道的计划最初可追溯到 20 世纪 60 年代，当时已列为罗斯托克城市开发规划中的一部分。1992 年，瓦诺隧道被纳入联邦交通路网规划，但属远期需求项目，优先级较低。1994 年《德国联邦公路社会资本融资法案》通过后不久，罗斯托克市公民委员会决定采用 PPP 模式以特许权方式实施该项目。项目采用国际招标，特许权包括设计、融资、建造、运营、维护及收费权利等。最终，在法国、欧洲乃至国际上积累了丰富经验的法国布衣格（Bouygues）公司被确定为优先竞标人并中标。瓦诺隧道项目于 2001 年 12 月开工，2003 年 9 月投入使用。根据罗斯托克市与项目公司的合同，特许权期限为 30 年。

（二）项目目标

瓦诺隧道的建设将对当地经济发展起到重要作用，先进、高效的交通基础设施，将直接影响该地区的经济发展和吸引力，这意味着瓦诺隧道将为罗斯托克市及周边地区带来巨大的经济价值。由于该隧道是社会资本方进行设计、建造、融资及运营的首个项目，并且是德国首个由使用者付费的项目，因此该项目尤为受关注。

项目对该市的好处有：

- 通过隧道吸引跨城出行车辆选择环城公路，以缓解城市交通网的压力；
- 去往罗斯托克市中心区的车辆可通过环城公路的适当出口分流而不必穿越市中心。

此外，包含瓦诺隧道的新环城公路系统，沿瓦诺河两岸环绕着市中心,缩短了交通时间和距离,形成了区域优势。罗斯托克港口和区域内的工业,以及罗斯托克和周边地区的旅游业都因此受益。

二、法律框架

1994年《德国联邦公路社会资本融资法案》通过之后,政府可将公路基础设施项目的所有权利和义务转移给社会资本方。同时根据法案第二条,该法案构成了向使用者收取通行费的法律基础,从而使社会资本投资能够收回。

基于该法案而应用的PPP模式称为F模式,是德国公路领域存在时间最长的PPP模式。在F模式项目中,特许经营者拥有20到30年的特许经营期,负责建设、维护和运营公路基础设施,特许经营期后,特许经营者需按事先约定的条件将基础设施移交给政府。作为回报,经营者获得直接向使用者收取费用的权利,用于收回投资和后续支出。从法律角度而言,F模式下的项目以"建造特许权"的方式实施,由经营者负责筹集资金作为投资,联邦政府对项目的财政支持一般不超过建设成本的20%。

受欧盟法律的限制,只有对诸如桥梁、隧道和山区公路这样多车道的联邦级高速公路项目才能申请运用F模式。对基础设施项目申请的限制很有必要,因为根据欧盟法律,只有这些类型的项目才可以征收以距离或时间计量的费用。

一般而言,按照F模式实施的项目需获得联邦政府和州的同意和协助。相应的州政府根据管理法令负责监督项目的实施。联邦政府则依据管理法令拥有指导权,并负责审批和发放公共财政补贴。收费价格的制定由联邦政府负责,但需事先与州达成一致意见。2005年颁布的PPP促进法(一项旨在简化德国PPP项目实施程序的新法案)对条款进行了修订。现基本上可由各州负责确定通行费的征收数额,但交通部依然保留着对州决策的控制。

在F模式下,准备可行性研究是项目实施的开始。可行性研究中需对项目费用、预计交通流量、预期收入以及提高收费的偏差影响进行评估,并评估以F模式实施项目的可行性、收费额及其与公共财政补贴的关系。

基于F模式的特许权可在两种情形下授予：在"常规设计"情形下，政府授予特许权是在项目方案获得审批通过之后，这样，社会资本方不再对项目的技术设计有任何实质性的影响；在"概念竞赛"情形下，特许经营方可以提出替代性技术设计方案，但需承担公众质询和办理审批程序的部分责任，在大多数情况下，这可能成为特许经营方的一个重大风险。

F模式下收取的通行费用于偿还社会资本投资。在计算一定期限内的收费额时，要考虑动态建设成本的折旧、运营和维护成本，以及债务融资成本和股本金回报。根据《德国联邦公路社会资本融资法案》第三条第五款，前两项成本可按照固定价格写入特许经营合同。

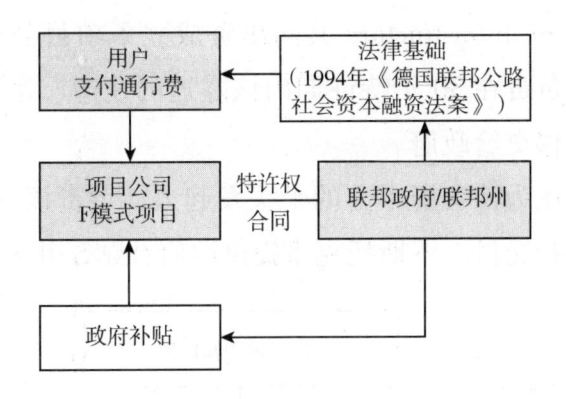

图2-3 德国F模式结构图

F模式的优点和缺点如下：

优点：

- 加快联邦高速公路建造；
- 减轻联邦政府的财政负担；
- 由用户付费来偿还资金。

缺点：

- 技术方案成本过高导致抬高通行费；
- 项目公司的前期筹资导致融资成本较高；
- 交通流量风险和收益难以估计。

德国已有两个项目按F模式实施：一个是罗斯托克市的瓦诺隧道，

于 2003 年投入运营;另一个则是 Luebeck 市穿越 Trave 河的 Herrentunnel 隧道。这两个项目都进行了公开招标并授予了特许权。

三、合同和融资框架

(一) 主要参与方和项目结构

1994 年,罗斯托克市议会决定基于德国特许经营模式实施该隧道项目。在资格预审之后进行了邀请招标。未来的特许经营方从一开始就全程参与了"概念竞赛"。因此,持续的优化过程才能得以实现。法国布衣格(Bouygues)公司最终成为优先谈判对象,于 1996 年 7 月签署特许权协议,并与 Macquarie Infrastructure 共同出资成立了项目公司。项目公司作为特许经营方,负责在 30 年特许期内该隧道的建造、运营和融资。合同期满后,将隧道移交给政府。

布衣格公司作为社会资本方的牵头发起人,负责该项目的规划审批、最终设计、建造和交付。罗斯托克市提供政府补贴,并负责监督检查。

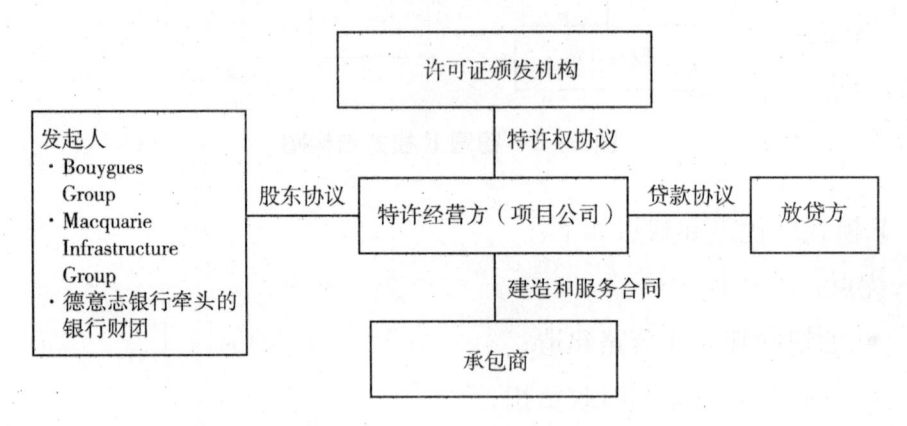

图 2-4 瓦诺隧道项目结构图

(二) 资金来源

在完成招标和选择优先谈判对象之后,该项目就处于停滞状态。直到 1999 年 6 月开始申请官方的批准,于 1999 年 10 月获得批准,1999 年 12 月完成融资。德意志银行牵头的银行财团提供了总额约 2.2 亿欧元(约

2.9亿美元）的贷款。此外，欧盟在欧洲交通网（Trans-European-Network）框架下，提供了8%的补贴以确保财务可持续性相应改善。

（三）风险分担

就每个成功的PPP项目而言，有效识别风险并分配给最能够控制该风险的合作方至关重要。这是达到最佳可行效率的基本准则。由于此前德国公路部门缺乏BOT模式经验，因此从项目参与各方分担风险的角度来看，这是首开先河的做法。

由于项目以"概念竞赛"的方式招标，社会资本方不得不承担伴随项目批准而可能带来的高风险，批准过程可能给社会资本方带来不可预见的义务以及成本增加。

除了拥有收取通行费的权利，项目公司坚持要求政府提供担保。在因法律原因或不可抗力而导致收费中断的情况下，可考虑延长特许经营期，弥补收费中断的损失。基于投标文件包含的交通流量预测报告，规定了头三年通行费的最高限额。

交通流量风险及相应的亏损风险被转移给了项目公司。这种风险分担应当慎重考虑，因为法律框架（1994年法案）意在政府和社会资本方共担风险。在遭遇不可抗力的情况下，罗斯托克市将分担最高达1 000万欧元中最多50%的费用，剩余部分由项目公司承担。不过，如果对项目公司有合理可行的方案，如调高收费率或延长特许期，则必须预先说明。

（四）交通流量预测

在免收通行费的假设下，不同机构在项目实施前均假定每天通过隧道的车辆约有4万辆。在收取通行费的假设下，预测估计数字调低到了2.5万~3万辆。项目竣工前几个月，即2003年4月预测的流量仍然较高。但最后预计的交通流量再次被调低为每天约2.2万辆。

项目公司在1992年、1996年、1999年所做的使用分析形成了该项目交通流量预测的基础。项目公司曾预计隧道投入运营后第一年每天有1.2万辆的流量，第二年会达到每天有2万~2.5万辆。达到这些流量对于实现社会资本方的预期收益是必要的,若无法达到这个水平,至少流量总体上应处于不断增加的状态,且在一年中的高峰时期每天至少有1.3万个用户通过该隧道。罗斯托克市采信了这一分析结果,未委托其他机构进一步预测。但隧道刚开始运营的几个月交通流量统计显示,平均交通流量仅为项目公司预测流量的一半。虽然隧道通车以来,交通流量呈现明显增加趋势,但尚不能确定最终将稳定在何种水平。图 2-5 显示了运营开始至 2005 年 7 月按月平均的日交通流量情况。

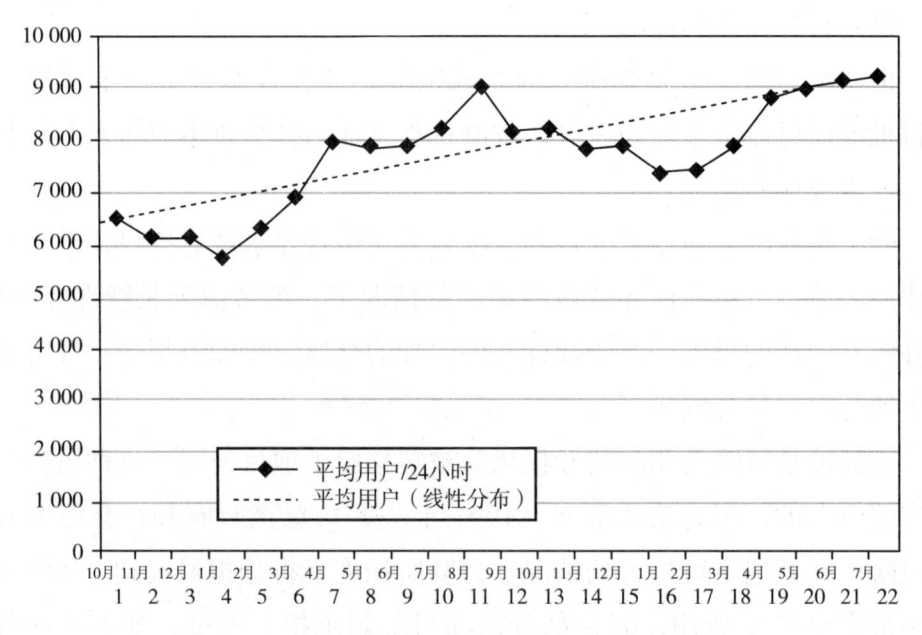

图 2-5　瓦诺隧道按月平均的日交通流量统计

四、项目进展

2003 年 10 月项目启动运营后,瓦诺隧道就因实际交通流量与预测交通流量的显着差异而出现数千万亏损。一种专家观点认为,项目在 30 年特许期的基础上核算成本收益和投融资,导致过度负债。考虑到交通流量大幅低于预期,若再将特许期延长 20 年,达到 50 年,将可增加项目公司收入,避免破产。

上述事态的发展引起了不同立场的游说者之间关于罗斯托克市批准特许期延长是否与德国法律一致和合法的诸多讨论。项目公司坚持如下观点：延长特许期将仅适用于与罗斯托克市的合同，与联邦政府没有关系。

在此期间，罗斯托克市由于公共债务水平过高，无力接管项目，因此选择了将特许经营期延长为50年。这使得有关政党和游说组织认为，延长特许期的决定欠考虑、不成熟，罗斯托克市民发现他们将不得不多支付20年的通行费。

五、经验教训[①]

德国在实施PPP方面是后来者，在F模式的具体实践中得到了一些经验教训：

第一，政府和社会资本等主要参与方缺乏PPP经验，导致了项目开发和实施过程中的错误决策和不当措施，成为本项目作为德国第一个F模式下PPP项目不大成功的原因。

第二，当本项目开始时，实际上德国的PPP法律框架条件并不充分和合理，且在某些方面受到欧盟法律约束。此后，进行了法律修订，2005年出台了PPP促进法案，PPP简化法案则预计于2007年底颁布。同时还需注意，根据国际经验，明确界定的法律框架只是为成功的PPP合作提供条件，合作双方都必须依赖法律基础和可靠的风险分担。更重要的是，各参与方应将合同关系真正视为长期合作的伙伴关系。

第三，应特别关注交通量的预测以实现预期收入。项目公司应尽最大努力提供与实际相符的交通量预测，整个项目的可行性取决于可靠的数据。

第四，其他未考虑的因素也造成了影响。罗斯托克出现移民潮，人口数量大幅减少，人口流动的主要原因是高失业率。一项研究表明，罗斯托克市的人口至2020年将减少15%。这个变化将对整个罗斯托克市的经济及该项目造成巨大影响。

第五，收费调整措施的影响未知。项目公司向政府提交的新价目表于2007年初生效。今后还计划将大客车和重型车的通行费率最多调低40%。

---

① 本案例经验教训来自英文原文。

此外，假日期间增加收费。虽然收费调整为增加项目利润提供了机会，但用户的负担也同时增加。收费调整措施是否能提高项目的经济效益尚未知。

案例 8　印度德里和孟买机场项目[①]

【案例特点】该案例是印度运用 PPP 模式建设机场项目，印度政府为该特别复杂的重大基础设施项目设立了内阁特别小组和部际小组，较大篇幅介绍了对若干关键内容的部际协调和最终结果，还介绍了此类项目因其复杂程度而在决策、开发、采购及后续过程中出现的问题以及解决措施。项目进行了公开招标，评标采用了先技术标后财务标的两阶段通过法。

一、项目概述

位于德里的英迪拉·甘地机场和位于孟买的贾特拉帕蒂·希瓦吉机场均为印度的主要机场。自 20 世纪 90 年代初期的经济改革以来，印度的航空服务需求增长迅速。社会资本方参与国内航空业使交通流量稳定增长，航空服务质量也有所提高。但地面服务并未得到改善，候机厅、卫生间、餐厅、信道和行李管理等设施条件较差。虽然在印度几个主要机场设有一些商业性服务设施，但与国外主要机场相比，特别是与东南亚邻国类似规模的机场相比，孟买或德里机场在这些方面有较大差距，它们还难以提供充足的酒店和其他设施，这一问题在德里机场尤为突出。

全国民主联盟政府的内阁于 2003 年 9 月决定重建德里和孟买机场后，为吸引社会资本方参与做了很多努力，希望制定一个长期的 PPP 协议来邀请社会资本方加入。这个长期 PPP 协议通过设立一个由社会资本方和印度机场管理局组成的合资公司来实现。机场管理局是一个政府部门实体，拥有并管理德里机场、孟买机场和印度其他的商业机场，但科钦的商

---

① Indian Institute of Management. Structuring PPPs in Aviation Sector: Case of Delhi and Mumbai Airport Privatization. 2010.

业机场除外。

虽然印度在 2004 年开始改由联合进步联盟执政，但并未停止德里和孟买机场项目，而是改组了机场建设内阁特别小组和部际小组，其主要进程包括：

2004 年 7 月，发布该项目的意向书邀请函，任命国际技术顾问、财务顾问、法律顾问、会计及税务顾问。

2005 年 4 月，向 9 个通过资格预审的投标人发布了征求建议书和交易文件草案。通过资格预审的投标人在收到征求建议书和其他文件后，须承担尽职调查义务，考察机场，进行现场审评，会见印度民航部及其他相关的政府机构，检查所有可用的数据，并针对交易文件草案发表意见。

2005 年 6 月，确定投标意向书。根据征求建议书要求，投标人应同时提交技术和财务标书。技术标书需从管理和发展两个方面，阐述投标人的能力、承诺、附加价值和其他因素。只有技术标书的两方面都获得 80 分以上的投标人才有资格进入财务标阶段。财务标书需详细说明愿意与政府共享收益的百分比。

在确定投标意向书期间，政府还起草了包括运营管理和开发协议（Operation Management and Development Agreement，OMDA）在内的交易文件。但是为了妥善处理识别出的不利因素，避免投标阶段后期出现问题，机场建设部际小组就此进行了认真的讨论，而未能按原计划完成上述交易文件，因此将投标日期顺延至 2005 年 9 月 14 日。

本案例详细讨论了影响 OMDA 和其他相关文件修订的主要问题。

二、协议重点的讨论与确定

（一）商业开发

政府在提议社会资本方参与之前，尽管在满足机场的航空需求后仍有剩余的土地，但没有利用这些土地来为旅客提供现代化的便利设施。因为机场都位于城市群内，机场土地的商业价值非常高，印度政府的顾问认为，这些"剩余的"土地可以用于独立于航空活动之外的纯粹的商业活动，同时建议允许选定的投标人将这些土地用于建立商场、科技园区、办公楼、商业园区、高尔夫球场等。

OMDA 将在机场中兴建的资产归为几类，如图 2-6 所示。首先根据资产是航空还是非航空商业资产对其进行分类，其次根据是否执行特定的商业活动对非航空商业资产进行进一步的划分，这些特定的商业活动指在候机楼或相关设施内，或者这些范围以外的地方（比如酒店）提供的旅客/货运服务。OMDA 草案将非航空商业资产分类为转让资产和非转让资产。当将项目移交给机场管理局时，可根据其所属类别制定不同方案。在项目全面收购或转移时，机场管理局负责接管航空服务的必要资产（航空资产和转让资产），同时有权决定是接管用于非航空服务的资产（非转让资产），还是继续由合资公司管理这部分资产。这两种类别的资产在转让时分别采用不同的估值方法来确定价格。

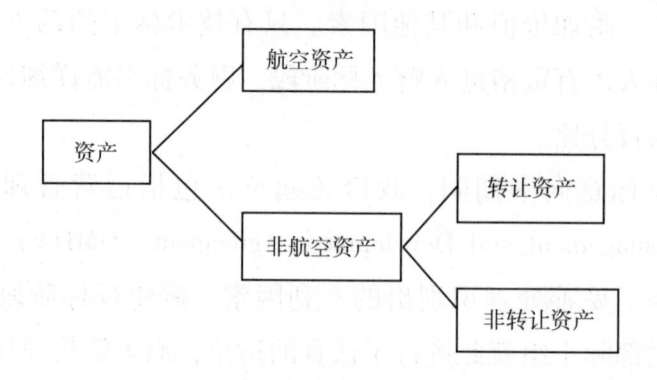

图 2-6 机场资产分类

在将项目移交给机场管理局的时候将会产生一些法律和政策问题。例如，机场管理局作为在 1994 年《机场管理局法案》下设立的一个法人机构，是否有权在符合 ODMA 规定的商业用途下开发土地。若没有，则其不能出于商业目的将土地租给另一方。这个问题十分重要，因为《机场基础设施政策》第 12.1 条规定，未来将努力增加非商业资源中商业性收入的份额。

此外，选择收购非转让资产引起了很多的问题，如：

- 机场管理局购买非转让资产价格是多少？
- 这些资产可否用于抵押？
- 如果机场项目和非转让资产分属于不同所有者，是否会产生利益冲突？

印度规划委员会的成员指出，在30或60年的特许经营期到期时，这些非转让资产可能会上涨到很高的价格，使得机场管理局放弃非转让资产。转让资产由机场管理局所有，非转让资产由社会资本方所有，而由于双方持有资产的目标不同，将导致机场资产管理的分裂。另外，如果OMDA允许合资公司或分租契约承租人抵押非转让资产，形成财产留置权，那么可能导致在特许期结束时，难以收回资产。因此，不应允许非转让资产拥有财产留置权。

印度民航部认为，机场管理局可以将这些土地用于商业用途。而规划委员会认为，《机场管理局法案》不允许机场管理局将土地用于商业用途，建设酒店、餐厅等设施。民航部向印度首席检察官提出了参考意见，首席检察官认为，在机场管理局将土地租给合资公司完全用于商业用途之前，需要在1994年的机场管理局法案中增加一些附加条款。

最终确定的OMDA没有提到完全出于商业目的且与机场或乘客无关的土地开发。OMDA还列出了一系列服务，这些服务被定义为航空和非航空（第一部分和第二部分）性质的服务。规划委员会也赞成将非转让资产用于提供非航空服务（第二部分服务），以此作为机场的附加功能。

对于作为机场管理局附带功能的非航空服务，如为过境乘客提供酒店，规划委员会的看法是，同样可以由机场管理局直接将土地租给酒店的运营商，而不用一并打包给合资公司。讨论之后这种方法被认为可以给机场管理局带来更多的收益，因为与合资公司的分租契约承租人相比，酒店运营商更愿意给机场管理局支付高价，尤其是当酒店所在地块实际上独立于机场时。

在将来非转让资产的移交方面，起初曾提出非转让资产在移交时的价格是其"公允价值"扣除其对应土地届时的市场租金等因素，公允价值将基于包括净现值法在内的相关标准方法确定。规划委员会指出，被扣除的土地价值应是其市场价,而不应是其市场租金,因为当地缺乏类似用途的土地,无论两者谁高谁低,确定市场价都比确定"经济寿命期内的土地租金的资本化数值"更容易。此外,规划委员会认为,如果将土地免费给予合资公司的话,那么移交时就不应使合资公司从中获利。

内阁特别小组决定,在交回给机场管理局时,对于土地,应采用届时的现行市场价。OMDA 进行了相应的修改。根据最终的 OMDA,非转让资产在协议到期时将按照其公允价值减去对应土地市场价后的价格,移交给机场管理局。公允价值将由机场管理局和合资公司从印度特许会计师协会主席提议的五个估值师中选出两位独立的估值师来确定。最终的 OMDA 还将非转让资产的土地的使用份额限制在:德里机场 5%,孟买机场 10%。实际上,在提供非航空服务方面,完全出于商业目的的土地开发是受到限制的。

(二)定价机制及不确定性

特许经营权招标以向机场管理局支付的机场总收入百分比为基础。此外,投标人还必须向机场管理局支付预先确定的预付费用。只要出价最高的投标人通过资格审核,并且在技术标书的两个方面的得分都高于 80 分,那么它将成为中标人。若德里、孟买两个机场出价最高的投标人为同一投标人,那么该投标人将获得与排名紧随其后的竞争者相比,报价优势更明显的那个将获得机场的特许权。另一个机场的特许权,则可能授予符合投标条件且排名第二的投标人。

1. 航空及非航空收费

由于合资公司的总收入主要来自对航空及非航空服务收费,如果授予合资公司垄断的收费权,那么明确收费标准很重要。在投入运营的前三年,合资公司收取的航空服务费的收费率由印度政府规定,而非航空服务的收费率的确定在竞争的基础上则相对自由。三年之后,由机场经济监管局(AERA)或印度政府对航空服务收费标准提出建议。这意味着虽然航空服务费用受到管制,但非航空服务费用和收入并不受管制,这就在没有任何关于绩效标准(指给乘客提供的服务和设施方面的绩效标准)正式规定的情况下，激励了运营者从非航空业务中获取收入。

规划委员会指出，如果仅将航空服务收费进行共享，那么意味着合资公司通常会故意不在航空服务部分创造收入，而增加非航空服务的收入。如果非航空服务的收入情况也不理想，合资公司就不会在航空服务方面有进一步投资。

政府管制的不确定性还可能会来自：监管者是否允许合资公司将非航空服务的收入排除在外；把哪些航空服务的收入排除在外；如何调整成本基数的构成以减少非航空收入的占比等等。根据 OMDA 规定，全部非航空资产收入是项目收入池的一部分，并从收入池中支付机场管理局分享的份额。另外，所有用于建设非航空资产（如酒店）的费用，都不计入成本基数。虽然存在监管的不确定性，但是没有一个投标人要求给予说明。后来签订的《国家支持协议》规定，若机场经济监管局不复存在，则继续由民航部来确定对航空服务的收费和对乘客的收费。

2. 成本加成模型

可以考虑航空服务收费在"成本加成"的基础上确定，但这种收费形式存在一些缺陷。比如，规划委员会认为，这种收费形式存在掩盖成本、对提高支出效率激励不足等问题。此外，还可能导致招标过程的偏离，因为投标人虽然会给出更高的收入分享比例，但后期可能会增加资本支出、经营费用和收费（这种收费超出了对最终用户有利的最佳收费额）。因此，规划委员会主张应以预先确定的价格上限或者以激励为导向的调节为基础进行收费，从而使监管具有确定性，不会导致投标人掩盖过高的成本和费用。

此外，投标人支付的预付费用和收入份额/年费将不会成为确定航空收费的成本的组成部分。在运营的前两年，不允许合资公司增加收费。在运营的第三年，若强制性资本项目在规定时间内完成，则允许合资公司在成本基数上增加最多 10%。从第四年开始，在《国家支持协议》允许的情况下，合资公司可以适当增加收费。

OMDA 采用了固定收费的成本加成模型。该模型根据航空服务收费的类型假定了不同的价格上限，这些价格上限可以根据消费物价指数扣除一个效率因子 X 而得到的指数逐年调整提高。这有助于确定预期航空服务收入的现值，也有助于将其与为了覆盖住可接受成本而所需的收入（包括来自非航空收入的交叉补贴）进行比较。

3. 总体规划和资产基础监管

中标人签订 OMDA 后，需提交关于孟买和德里机场发展的总体规划。在此之前，作为标书的一部分，所有的投标人都已提交了一份初步发展计划。初步发展计划不需做出任何承诺，而总体规划可能与初步发展计划有所不同。总体规划必须包含招标文件中规定的强制性资本项目、初步发展计划和 OMDA 制定的发展标准，同时也必须将利益相关方的观点纳入其中。中标人需在签订 OMDA 后九个月内上交总体规划。

出现的一个问题是，机场管理局作为法定机构，不需要获得地方政府对总体规划的批准，但对于合资公司来说可能不是这样的。还有一点是，地方政府可能会对非转让资产建设用地进行限制。另外，规划委员会提出，应该由民航部而非机场管理局批准总体规划，因为机场管理局除获得收入份额外，还在合资公司中拥有 26% 的商业利润。最好在 OMDA 中做好各方面的规定，而非后续还有审批。

规划委员会还认为，应当在招标过程之前首先做出土地使用及与土地相关的限制和发展潜力方面的决定。否则，投标人可能更关注出于商业目的或其他目的开发土地所产生的租金，而不是致力于为乘客提供与国际机场水平相匹配的设备。有人担心总体规划的制定也可能更多的是出于商业目的，而非为机场乘客的效用考虑。机场开发可能会选取那些能最大限度提高非航空服务收入或总利润的位置，而不是最有利于乘客的位置。在这种情况下，规划委员会指出，项目计划将德里机场的新航站楼建立在远离国道的位置，而将商业区域建立在国道附近。但规划委员会认为，航站楼的位置应该更接近国道以方便乘客。

在最终确定的 OMDA 中，内阁特别小组把提交总体规划的期限定为六个月。合资公司只需将总体规划的概况告知机场管理局，再由民航部对总体规划进行审查。每十年需要提交一次总体规划。合资公司保留机场分包合约、再授权和授权的权利。在机场管理局行使其权利的情况下，合资公司应该完全负责转让资产和非转让资产的交付。

4. 未解决的问题

因为缺少一个监管机构，再加上 OMDA 的"成本加成"机制，总体规划中的相关规定引发了一系列问题，如：

（1）政府是否应该事前规定投资水平，以限制收费范围？

（2）政府是否应该审批投资建议？

（3）监管机构是否应该参与成本核查？

（4）如果在投资之后核查成本，对社会资本方是否公平？

（5）在监管到位之前，由谁来保障消费者的权益？

（6）对高昂的资本成本有什么保障？

（7）由于在一系列活动中都涉及航空收费的监管，如何防止滥用监管权力？

（三）履约和投标保证金

财务顾问向印度政府提议申请 100 亿卢比的前期费用，但这在 2005 年 1 月部际小组召开的会议中遭到了抵制。按规定，投标人需一次性缴纳 50 年特许经营期的履约保证金，共 500 亿卢比，同时需缴纳 500 亿卢比的投标保证金。规划委员会对履约保证金的有效期和投标保证金的金额提出了反对意见，他们努力争取将履约保证金的有效期定为 5 年，将投标保证金的金额定为 50 亿卢比。支持 5 年履约保证金的论据是，在合资公司投入大量资金并开设托管账户后，就不需要再有单独的履约保证金，因为单独的履约保证金只会增加成本，而不能为机场管理局提供额外的安全性。

最终的 OMDA 将履约保证金的有效期定为 5 年。而将两个机场各自的投标保证金金额都定为 150 亿卢比。

（四）终止时的支付

最初的文件规定，在由于合资公司违约而导致项目终止的情况下，全部债务将由机场管理局偿还。但规划委员会认为机场管理局只需偿还

90%的债务，以将剩余风险转移给合资公司和债主。最终的 OMDA 中规定了当合资公司违约时的处理方法。

规划委员会认为《国家支持协议》初稿比较多地涉及政府义务，而较少提及因合资公司违约导致的结果。部际小组认为法律顾问应该编写出一个能使双方义务平衡的全新文件。规划委员会也认为，由于合资公司的债务终止以及非转让资产和股权所带来的支付，会导致印度政府的或有负债过于繁重。这与其他行业典型的建设—运营—移交（BOT）特许权项目有所不同。

（五）机场运营商的作用

投标文件明确规定联合体中包括一个机场运营商。部际小组指出，虽然根据机场运营商的能力对投标人进行了评估，但还存在一些问题，比如运营商是否应持股或应该持有多少股份，以及机场运营商和合资公司签订的运营和维护协议是什么类型等。投标人可以通过邀请一个机场运营商加入到联合体中，以通过资格预审，并在技术评估中获得加分，但不能保证机场运营商可以持股，或在合资公司中拥有话语权，因此也不能保证其在机场管理和发展中拥有话语权。规划委员会认为，《经营管理与发展协议》没有要求机场运营商要配备有经验及技术熟练的员工。根据规划委员会的观点，投标人联合体中的机场运营商应该对机场的运营和维护担负起应有的责任。

（六）潜在的新机场竞争

另一个需要部际小组注意的问题是，要防止以现有机场为中心，以 150 公里为半径的范围内出现任何新机场。有观点认为，任何诸如此类新机场开发的优先权都应该授予现在的中标者。一种观点认为，附近出现一个竞争机场可能会严重阻碍投标人对目前机场的投标行为。另一种观点认为，授予投标人优先权会阻止其他投标者对新机场的投标行为。规划委员会不赞成授予优先权，即便授予优先权，也只适用于当合资公司参与新机场的投标，且是出价排名位于前 5% 的投标人的情况。

最终的 OMDA 以及《国家支持协议》规定，如果目前机场的合资公司不是 150 公里范围内的新机场的中标者，但在所接受的具有竞争性的投标中，合资公司的出价第二高，则合资公司可拥有优先权。当本项目合资公司使用优先权时，进一步的条件是合资公司在本项目协议下没有任何实质性的违约，且其表现也令人满意，那么就成为新机场排名第一的投标人。

（七）强制性资本项目

征求建议书规定，执行强制性资本项目包括在规定的最后期限之前完成早期由机场管理局发起的一些项目。此外，机场开发需要基于有利于进一步发展的总体规划。规划委员会认为，最好将机场开发分阶段进行，此时，只有那些强制性项目是比较迫切的需求。部际小组也同意这个观点，因为逐步完成机场的开发，并与扩张开发的需求联系在一起，可以减少提高收费的压力。

另一个问题是强制性资本项目在规定时间限制内完成的程度。规划委员会认为，民航部制定的列表较少顾及 2010 年的交通，给了投标者很大的自由裁量权。除了开发速度外，如何处理进行中的项目合同也是一个问题。按照规划委员会的观点，应该避免由重新签订此类合同所引发的问题。对这些合同和项目的处理也不应该带来任何预料之外的所得或损失。否则，投标人就会在事先不清楚他们负债的情况下进行投标。

最终的 OMDA 还规定了惩罚措施，以防出现投标者或合资公司承接了项目却又不完成或不能按时完成的情况。

三、决策过程

社会资本方的参与过程于 2003 年启动，并通过六个月的努力加快了其进程。在这六个月中，社会资本方参加了部际小组的一系列会议。2005 年 4 月，公布了征求建议书和其他文件。为邀请社会资本方参与而设计的结构出现了一些问题。除了没有说明收费规定和监管不确定外，还有与选定的投标人签订各项协议相关的一些问题。

在决策过程中，部际小组的一名成员认为，整个过程太过仓促，没有给成员足够的时间研究交易文件。即使在成员提出意见时，也未被认真记录下来。时间和议程没有提前敲定，参会人员也不能充分了解他人的意见。

决策过程于 2005 年 8 月结束时，部际小组中代表规划委员会的成员表示，在 2005 年 4 月公布的征求建议书和其他文件中存在明显的缺陷。他们认为应继续修改征求建议书，因为投标人还没有收到文件，此举能避免以后出现问题。然而，民航部认为，征求建议书的制定已经浪费了太多的时间，而且民航部已经从这一过程中学到了许多经验，因此，让投标继续进行比使它变得"完美"更为重要。

四、招标及后续过程中出现的问题

2005 年 9 月 14 日，有 5 家联合体就德里机场递交了标书，6 家联合体就孟买机场递交了标书，但在技术标书的评审初期出现了问题。2005 年 11 月，在评估技术得分之后，分别以 GMR 和 Reliance 公司为首的两名投标人，通过了评审。如前文所述，由于一个机场只能有一个中标人，所以通过评审的这两个投标人将分别获得两个机场的特许权。但规划委员会成员认为，该评估过程存在严重缺陷，后经各级间的多轮会议，由另一个委员会重新审核评估，结果是对两个机场认定了唯一中标人——GMR 公司。

2006 年 1 月 24 日，内阁特别小组修订了投标人的选择框架：降低合格分数使每个机场有 4 个投标人通过评审，以确保竞争性，同时让政府能获得更好的回报。由于在之前的投标条件下，GMR 是唯一中标人，因此只要其财务出价排在前四名，就有权优先选择机场。最终 GMR 选择了德里机场，但机场管理局分享收入的比例从 43.64% 提高到 45.99%。孟买机场的中标人是在剩下三个投标人中出价最高的 GVK，其提出的机场管理局分享收入比例为 38.70%。但这一决定引起了争议，Reliance 就此上诉至最高法院。为继续推进项目，最高法院最终于 2006 年 11 月 7 日驳回上诉，确定 GMR 和 GVK 为中标人。

项目在确定中标人之后，也出现了问题：

例如，在资金成本方面，德里机场的初始竞价中，GMR 给出 2010 年完工的项目第一阶段的出价为 350 亿卢比。2007 年，GMR 估计，项目成本约 600 亿卢比。2008 年底有媒体报道，项目成本上升到了 900 亿卢比。因为交通需求和成本方面等因素，负责机场运营的社会资本方要求增加收入。民航部最初批准了一项"用户开发费"计划，即机场现代化项目可向乘客收费，且属于共享收入。由于 GMR 和 GVK 拥有德里和孟买机场的高收入份额，因此，它们都赞成民航部的此项决定。这项费用又改为"机场发展费"，不纳入共享收入中。这也是对招标条款的变更，有利于合资公司。

又如，2008 年，德里机场的合资公司进行了一次流产的尝试：其拟以定金方式收取酒店 6 年的租金，而这笔定金将不按照 46% 比例由机场管理局共享。定金取代租金，将减少未来租金收入，损害机场管理局的利益。另外，未来的酒店经营者还被要求为酒店的基础设施付费，因此他们很可能将只愿意支付更低的租金，也损害机场管理局的利益。这两个方面都会降低收入的基数及机场管理局的收入，因此是从有利于合资公司的角度改变投标条款。媒体对此事的曝光使他们不得不重新考虑，从而放弃了这个计划。

在出现的其他问题中，还包括合资公司创建了一个子公司来发展土地和非航空业务的商业活动。而这个子公司的总收入不属于合资公司的收入，只有子公司已支付的股息会成为共享收入，导致共享收入基数的减少。

五、总结

对于 PPP 项目，尤其是此类大型机场项目，结构设计和招标非常复杂，其中出现了几个较大问题。部际协商的过程解决了不少问题，但还有一些问题尚未解决。该案例十分典型，能从其中总结出很多经验教训。尽管还有一些隐忧，但总体上，印度德里和孟买机场项目的实际效果较为成功。

案例9 美国德克萨斯州加尔维斯顿港口改扩建项目[①]

> **【案例特点】** 该案例介绍了美国德克萨斯州第一个运用 PPP 模式的港口改扩建项目。项目由社会资本方发起并负责设计—建造，融资 100 万美元，并协助政府（港口方）从邮轮公司获得 1 200 万美元过桥贷款，保障了项目及时建成。过桥贷款的偿还方式是从邮轮公司向港口方支付的租金中抵扣。本项目还新设第三方法人"港口设施公司"来持有港口与邮轮的合同和租约，使港口能够保留经营收益，并基于建成资产发行免联邦所得税债券，用于继续投资港口基础设施。项目相关协议安排在美国邮轮市场中比较独特，获得了美国 PPP 全国委员会（NCPPP）2004 年度基础设施奖。本案例缺点之一是没有介绍项目是否采用了竞争方式确定社会资本方。

一、项目概述

为了应对港口地区对容纳邮轮数量不断扩张的需求，并利用邮轮业带来税收和经济效益（预计每艘邮轮会为加尔维斯顿每年带来 1 000 万美元的直接收益和 1 500 万美元的间接收益），加尔维斯顿港（政府，以下简称港口方）于 2002 年与皇家加勒比国际邮轮公司、嘉年华邮轮公司以及西图公司达成 PPP 合作关系，以扩大邮轮服务范围并扩建服务设施。这是德克萨斯州第一个采用 PPP 模式的港口项目，采用设计—建造（DB）的运作方式来交付。PPP 合同包括固定利率的过桥贷款条款，由社会资本方协助港口方获得过桥贷款融资，使得项目在港口方能够发行债券之前就建成。港口方将通过新设立的第三方法人"港口设施公司"，基于建成的项目资产发行免联邦所得税债券，筹集后续扩建所需的长期资金。当地政府则节省了投资，从就业和商业收入增长中获益，还加强了与工商界的交流。该 PPP 安排还涉及设立了一家第三方法人机构来负责持有邮轮合同和港口租约，并让港口方保留经营收益，用于将来投资其他扩建项目。

---

① NCPPP. The National Council for Public-Private Partnerships. http://www.ncppp.org/.

该项目所采用的合同、融资结构、伙伴合作概念在美国邮轮市场中较为独特。项目通过设计—建造方式来确保社会资本方提供单一管理责任，确保设计/建造质量，节约时间进度，收集港口方发行债券所需信息。

二、项目实施

(一) 第一阶段：新建 2 号码头

2002 年 9 月 9 日，港口方与皇家加勒比公司及嘉年华公司达成一项邮轮码头协议。当月 19 日，港口方又与西图公司签订了一份合约，约定西图公司将改建一座废弃的仓库，修复 100 英尺的码头设备，并为皇家加勒比公司计划七周后开放的新服务"壮丽的海洋"修建一条进入/循环通道以方便接送乘客。

这是该港口第一次在这类项目中采用设计—建造方式，且起初未对项目范围进行界定，故港口对项目团队能否在不大量改变项目要求的情况下以 300 万美元的协议预算完成第一阶段工作持有怀疑。事实证明，设计—建造团队不仅没有超出预算，还与港口分享了超过 10 万美元的成本节约金额。设计一个快速通道需要将一个颓败、废弃的仓库改建成一座干净美观的客运码头，以促进人员和行李快速、高效流动。新建码头为安置加尔维斯顿港的邮轮设施增加了 80 000 平方英尺的面积，建设了一段长 2 000 英尺的泊位，可供两艘邮轮同时停靠。截至 11 月 8 日，码头设施和信道改善工程已经完工，可投入运营使用。11 月 11 日，一艘载有 1 600 名乘客的邮轮停靠进加尔维斯顿港，标志着项目正式投入运行。在当地的工匠、港口方、皇家加勒比公司和设计—建造团队的通力合作下，成功完成了这一工作。

(二) 第二阶段：1 号码头扩建

在 2003 年 11 月完成的耗费 900 万美元的 1 号码头扩建和修缮工程，项目团队扩建了现有的码头，并通过设计和建造其他设施提高了码头的运营效率，增加了乘客的舒适度和安全感。团队还整修和改善了码头的内部设施，从而将可供乘客和邮轮运营使用的空间扩大了2倍，其中包括增加了新的主等候区、VIP登船/等候区、出票柜台、直达乘客登船桥的三级扶梯、消防疏散楼梯、喷水灭火和报警系统，以及安全设施（例如一个200万美元的"滚桥"，类似于一个登机通道，允许乘客由封闭的通道登船，以免受自然环境干扰）。所有这些扩建，计划是使接纳大型邮轮的能力达到3 500人。

（三）第三阶段：拆除井口建筑物

项目第三阶段是为港口后续扩建腾出空间，于2004年8月完成。包括引爆一座236英尺的井口建筑物——加尔维斯顿岛上第二高的建筑——以及拆除大量的钢筋混凝土贮仓。项目团队面临的挑战包括移除近500个含石棉的窗户、紧张的施工计划（7月开始，9月底完工）等。项目所有的碎片残渣，包括超过5 000吨的钢筋，几乎都得到回收再利用。

三、项目融资

为了满足建设进度要求和融资需求，必须解决短期和长期融资问题。项目第一、二阶段所需的短期现金由皇家加勒比公司和嘉年华公司提供过桥贷款支持。港口后续扩建所需的长期资金则由新设立的港口设施公司通过发行债券进行融资，其所发债券的利息免交联邦所得税。所有的债务都基于对港口与邮轮公司合同未来现金流的细致分析。

在第三阶段中，项目也成功地按照设计—建造合同完成了交付，包括耗费200万美元拆除一个大型混凝土升降机。合同提到，作为PPP的一部分，西图公司同意开始工作并融资100万美元用于向承担拆除工作的承包商支付费用，保证项目迅速展开，而不用等待港口设施公司发债融资。最终，完成拆除的费用比第二低的投标价节约了近100万美元。

四、项目成果

在PPP模式下，政府和社会资本通力合作，成功地在规定时间和成本内为所需的设施完成了融资和交付。社会资本方协助港口方获得过桥贷款融资，自身也参与融资，并通过 PPP 合同获得相应回报。在 PPP 模式下，通过准时提供设施，启动航行和停靠服务，获取了收入，为项目节约了一笔可观的成本。相比于设计和建造新设施，整修和再利用现有建筑和码头为项目节约了时间和金钱。

从更大的经济范畴来说，2003 年，邮轮公司和乘客及员工在德克萨斯州购物的花费近 6.31 亿美元，创造了 9 767 个、总薪酬 4.25 亿美元的工作岗位。加尔维斯顿集中了德克萨斯州约 96% 的邮轮服务，从邮轮产业活动中获得了巨大的收益。

PPP 模式的成功使加尔维斯顿港得以持续、快速发展，为国家和地方经济带来了收益，同时也使加尔维斯顿港在邮轮业中取得行业领头羊的地位。

五、项目现状

本 PPP 项目结束两年多来，港口继续建设设施，近期已开始第 6 个项目。这从一个方面表明本 PPP 项目改扩建的设施已成功运营逾 2 年。通过 PPP 模式设计、建造、改善和扩建设施，再加上不断增加的出航数量，已有成千上万的乘客享受到了邮轮服务。2002~2003 年，港口的邮轮乘客数量增长了 200%，比 3 年前则增长了 1 100%。截至 2004 年 5 月，港口累计服务的乘客数量达到了 100 万人。2004~2005 年秋冬邮轮季，港口还将新增两条额外的航线——这进一步证明了 PPP 模式的成功。

六、项目创新点

通过扩大邮轮经营以及重建现有的港口设施来刺激经济和税收增长是加尔维斯顿港一个绝佳的机会。2002 年，西图公司向加尔维斯顿港提交了一项关于 PPP 模式建设邮轮码头的提议。这是德克萨斯州第一次将 PPP 模式用于港口项目，同时也是港口项目第一次使用设计—建造方式。

这项提议还包括两个有创意的做法：一是设立了第三方法人"港口

设施公司"来持有邮轮（皇家加勒比国际邮轮公司和嘉年华邮轮公司）与港口的合同和租约，使港口方能够留存经营收益用于投资其他基础设施扩建项目；二是在港口设施公司能够发债融资前，为港口方提供一份带有过桥贷款条款的固定利率合同来保证项目建设的迅速开展。

这项提议基于一项已通过的促进港口快速发展的法案。西图公司开展了相关法律评估，确保设立一家独立于加尔维斯顿港的法人是合法的，以及使用设计—建造方式完成是被许可的。随后西图公司精心起草了邮轮公司为港口改扩建提供担保的文件，并与邮轮公司合作将担保变更为提供直接建设贷款，还贷方式是抵扣邮轮公司的租金支付。

港口要在紧张的计划期内和有限的成本下完成改扩建，同时还要实现所有的目标——必须采用PPP模式。这一做法创造了一个新颖的邮轮码头融资"模板"，西图公司和邮轮公司已在美国其他地方推广使用该模板。

第二节　市政公用事业

案例10　德国柏林瓦塞尔水务项目[①]

【案例特点】本案例介绍了德国政府运用PPP模式推进国有水务企业私有化，社会资本方经由在全欧洲范围内的招标确定，概述项目PPP协议的主要条款，以及在项目遭遇"流动性危机"后采取的政府担保、调整水价、改善管理等应对措施。

一、项目背景

1992年，德国政府制订了国有企业私有化计划，以提高大型国有企

---

① European Commission. *Resource Book on PPP Case Studies*. 2004. P30-32.

业的整体效益。由于私有化计划的实施一定程度上受到时代发展的限制，因此 PPP 模式的运用空间有限。但是确实有一些国企具有吸引社会资本参与企业管理的能力，柏林的 Wasserbetriebe 公司就是其中一员，其前身是柏林公共水务公司。

Wasserbetriebe 公司的私有化项目采用 PPP 模式并在全欧洲进行招标，计划选择一个国际的承包联合体和柏林政府共同组建项目公司（Special Purpose Vehicle，SPV），并接管 Wasserbetriebe 公司原有的水务项目。柏林 Wasserbetriebe 公司私有化完成后成立的就是柏林瓦塞尔水务控股公司（以下简称"柏林水务公司"）。

柏林水务公司是目前欧洲最大的水务公司之一，负责 11 个供水厂和 7 个污水处理厂的运营，为柏林及其周边地区共 300 万人口供水并提供污水处理服务，其服务水平均达到了饮用水水质和污水排放规定的标准。

二、项目协议概要与运营调整

柏林政府与国际联合体之间签订的协议规定：组建的柏林水务公司由柏林政府控股 50.1%，三家社会资本公司（RWE 水务公司、安联资本合伙公司和威立雅水务公司）平均分持剩余 49.9% 的股份。

政府与社会资本方签订了 PPP 协议，旨在实现两个主要目标：一是对公司进行重组并引入新的管理方法和技术；二是引入新的投资。PPP 协议条款主要包括：

- 2009 年之前投资 2.5 亿欧元；
- 提高和改善现有体系内的经济、环境和技术相关标准；
- 最晚在 2003 年底之前取消固定水价，并在长期形成下降的趋势；
- 2014 年之前确保不裁员；
- 转让技术；
- 每年支付 6 800 万欧元的特许经营费。

此外，欧洲投资银行提供了 4.2 亿欧元的贷款，以满足重组后公司的资金需求。

然而不幸的是，在大量新的投资需求、高达9%的合同债务利率和特许经营费用的重压之下，柏林水务公司陷入了流动性危机。这一危机最终通过柏林政府与柏林水务公司之间签订的债务担保协议得以化解，担保金额为3.61亿欧元，由柏林政府与柏林水务公司均摊。

在经历了流动性危机之后，柏林水务公司引进了新的管理费制度、轮换制度和员工时间表，在不裁员的情况下降低了劳动成本、提高了效率，并且巩固了公司的金融资产。此外，由于很难进一步降低成本，柏林政府和柏林水务公司达成一致意见，在2004年将水价提高30%。

柏林水务公司还制定了一系列旨在改善长期资金流动性问题和提高经济效益的新措施，包括出售部分柏林政府所持的公司股份、让公司把主要精力重新放在水务业务上，以及简化董事会。这些措施的目的是提高柏林水务公司的财务可行性，同时将水价保持在合理水平上。

该项目中的PPP结构如下图所示：

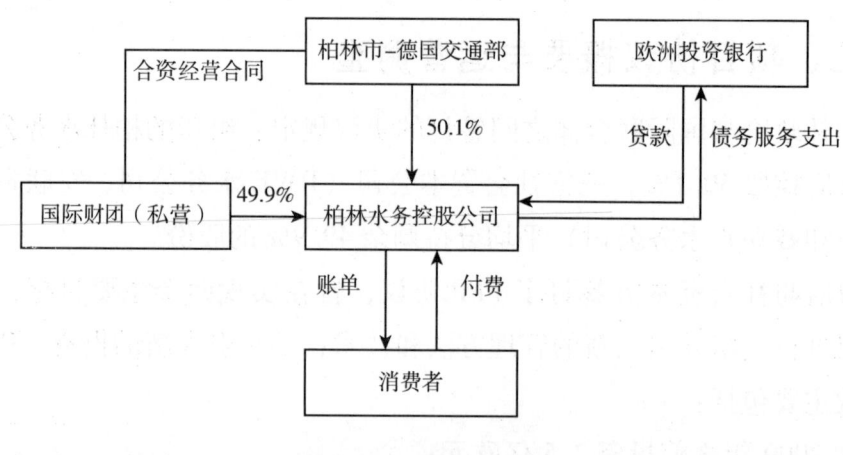

图2-7 PPP结构图

三、经验教训

在经济转型阶段，PPP模式有利于推进国有企业的私有化进程，因为PPP项目的成功实施能使政府与社会资本方实现双赢。

尽管在经济转型的大环境下，合同条款似乎很有吸引力，但是特许经营方面临着一些难以控制的情况。比如，柏林水务公司需要向政府缴纳特许经营费才能运营水务系统，而公司所承担的社会责任会带来难以负荷的风险。

在该项目中，尽管社会资本方承担了主要的金融风险，但是流动性风险一旦发生，政府会协助他们渡过难关，并允许其通过提高水价等方法来削减成本，提高收益。

案例 11　英国苏格兰水务项目[1]

> 【案例特点】本案例包括两个污水处理 PPP 项目。两个项目均通过竞争方式选定社会资本方，其中一个采用设计—建造—融资—运营—维护（DBFOM）模式，特许经营期长达 30 年；另一个采用建设—运营—移交（BOT）模式，社会资本方采用发行债券方式为项目融资，特许经营期长达 40 年。

一、项目概述

2002 年之前，苏格兰的东、西、北三家水务局还没有合并为一家。在当时的基础设施投资条件下，三家水务局采用 PPP 模式（包含 PFI 等形式）为大规模基础设施建设进行融资。与此同时，也存在把几个较小项目打包的情况。随着基础设施建设的开展，水务局签订了总额超过 6 亿英镑的合同。该项目包括三个关键财务指标：回报率、收费比率和借款额度。项目的主要资金来源包括：对使用者的收费、苏格兰行政院官方授权的贷款、欧盟建设基金提供的融资等。

苏格兰水务局在广泛征询意见后，采用了具有竞争性的招标方式。通过该项目的实施表明，在风险可以转移的前提下，PPP 模式相对于传统的政府提供模式更有效率。

二、项目内容

该案例包括两个项目：一个是斯特灵水务公司承接的位于西洛锡安和

---

[1] European Commission. *Resource Book on PPP Case Studies*. 2004. P27–29.

爱丁堡的五个污水处理厂的升级改造打包项目，特许经营期为30年；二是凯莱东尼环境服务公司为法夫郡沿岸的50万人口提供污泥、污水处理服务的Levenmouth项目，特许经营期为40年。

（一）斯特灵水务公司项目

斯特灵水务公司位于苏格兰，作为一个联合体，包括三家社会资本方：

- 泰晤士水务公司（49%）；
- MJ格利森公司（41%）；
- 蒙哥马利沃森公司（10%）。

从东苏格兰水务公司接管了上述五个污水处理厂后，斯特灵水务公司共投资了1亿英镑进行升级改造相关的设计、建造、运营和维护等工作。该项目融资方案在"1999年欧洲水务案例"中获得项目融资大奖。

在完成对五个污水处理厂的修缮之后，由斯特灵水务公司的股东——泰晤士水务公司具体负责运营，特许经营期为30年，大约可为58.5万人提供服务（后来增长到68.5万人），具体内容包括：

- 初级和二级的污泥处理；
- 污泥的热处理和细菌分解；
- 臭气处理；
- 紫外线污水消毒。

对斯特灵水务公司而言，最大挑战是确保这五个污水处理厂出水符合欧盟新制定的污水处理质量要求。污水处理产生的污泥被回收用于农业。随着项目实施，污水处理质量得到进一步改善。在改善的同时，该项目也符合欧洲城市污水处理标准和北海污水处理标准的要求，并获得了苏格兰环境保护局的认可。

（二）凯莱东尼环境服务公司项目

凯莱东尼环境服务公司是由诺森伯兰水务公司和苏格兰电力公司成立的联合体，两公司各占50%股权。凯莱东尼公司作为优先谈判对象最终赢得了这一价值 4 500 万英镑的 PFI 项目，将为东苏格兰水务公司（现为苏格兰水务公司）建设和运营一个污水处理厂（为 50 万人服务），特许经营期为 40 年。

该项目的目的是改善福斯湾，以及凯尔蒂镇到利文郡之间的水质，以达到欧洲城市污水处理指导意见的要求。为解决项目融资，诺森伯兰水务公司发行了为期 38 年价值 6 500 万英镑的信用债券。

凯莱东尼环境服务公司（CES）和东苏格兰水务公司（ESW）于 2000 年 10 月签署了关于建设污水处理厂的合同，由凯莱东尼公司具体负责建设。

三、项目结构

该案例两个项目的组织结构图如下：

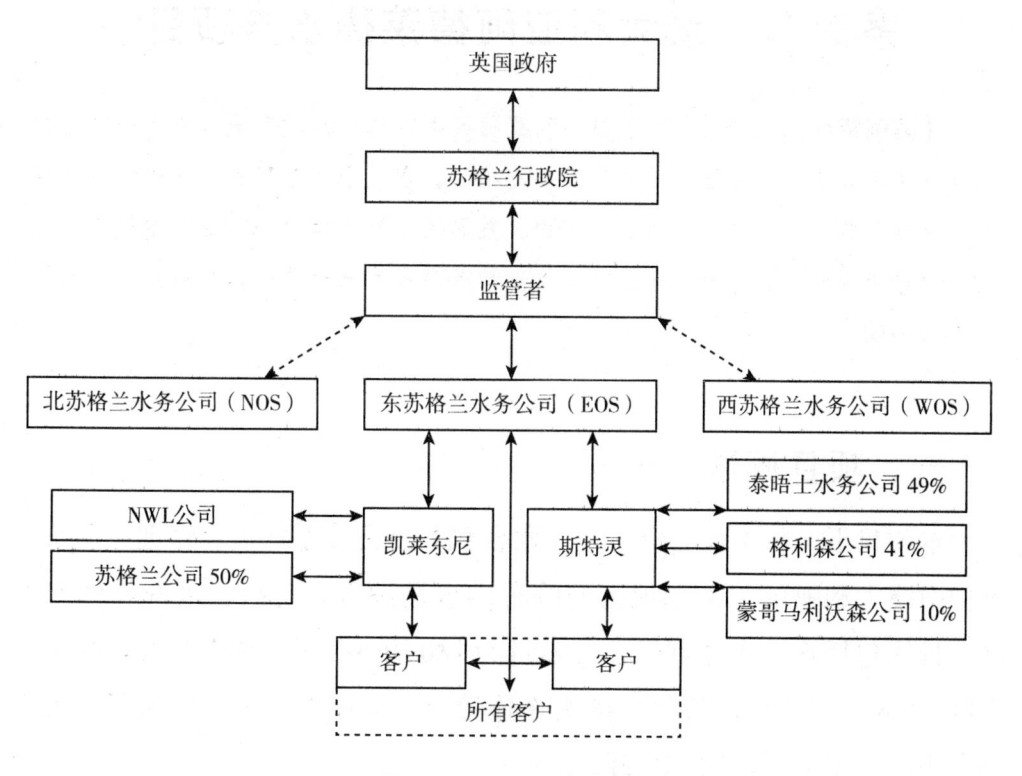

图 2-8　组织结构图

四、经验教训[①]

一是多向 PPP 中心和咨询机构学习其他案例的经验,可在最大程度上避免潜在问题的发生。

二是通过 PPP 模式可实现风险转移,但需将风险在各方进行合理分配,并要平衡各方的收益和风险。

三是 PPP 模式让水务部门在实现财务平衡的同时还可以履行环保责任,并提高对消费者服务的水平。

四是在考虑到风险可以转移的前提下,通过竞争性招标,PPP 模式可以向消费者提供比政府传统提供模式更有效率的方案。

案例 12　澳大利亚阿德莱德水务项目[②]

【案例特点】本案例介绍了澳大利亚阿德莱德地区通过政府与社会资本合作对当地水务设施进行管理、运营和维护的项目,重点介绍了项目管理中的资产管理、基建工程管理和环境管理三个方面。案例还介绍了项目公司在技术研发和人力资源两方面的一些做法,并从经济效益和社会环境效益两个角度肯定了该项目的积极影响。

一、项目概述

本项目下,将由社会资本——联合水务公司接手并负责管理、运营和维护南澳大利亚阿德莱德地区的既有供水及污水处理厂、水网和污水管网。具体包括 6 个水处理厂,总容量为 180 万 m^3/天,涉及约 9 000 千米水网、6 800 千米污水管网、44 万个连接口,以及 4 个污水处理厂和污水再利用厂,服务人口约 110 万。

[①] 本案例经验教训来自英文原文。
[②] IPA. Infrastructure Partnerships Australia. http://www.infrastructure.org.au/.

(一) 项目目标及价值

该项目有三个关键目标：降低运营成本、提高服务水平、促进水务产业在南澳大利亚的发展。项目价值主要包括基础设施的价值及创造新的就业岗位。

(二) 参与方职责

联合水务公司成立于 1995 年，当时有两个大股东：威立雅水务公司和泰晤士水务公司，各占 47.5% 的股权，Kinhill（现为 Halliburton KBR）占其余 5% 的股权。之后，威立雅水务公司收购了泰晤士水务公司的股份，占股 95%。

联合水务公司与南澳大利亚水务公司签订项目合同，约定了联合水务公司的主要职责是水务及污水处理相关的全部工厂、水网和污水管网的管理、运营和维护，以及基建工程项目的管理和交付、资产管理计划的实施、应急计划的制定和环境的管理等。而南澳大利亚水务公司负责获取收入、管理客户关系、管理集水区与制定服务标准。南澳大利亚水务公司对基础设施拥有所有权，并控制资本支出。

二、项目管理

(一) 资产管理

合同规定，联合水务公司须提供详细的资产管理计划，并由南澳大利亚水务公司审议。审议的重点是确保收支平衡，对所有资产状况及可用性进行定期检查。资产管理计划由联合水务与南澳大利亚水务公司协商制定，包含 1 年期、5 年期和 25 年期，最后由南澳大利亚水务公司验证计划的可行性并对其进行调整。

(二) 基建工程管理

联合水务公司负责对设施进行管理、运营和维护，资金分配的决策权和批准权归南澳大利亚水务公司所有。联合水务公司按照南澳大利亚水务公司批准的资本计划管理该项目。

联合水务公司在与南澳大利亚水务公司协商后起草了设计、招标文件以及相应的基建工程合同，并在合同签订后，负责确保项目按时按预算完成。

（三）环境管理

1. 环境标准

在与南澳大利亚水务公司协商后，联合水务公司负责根据澳大利亚环境保护局的标准运营水务和污水处理厂。

2. 环境管理计划

联合水务公司起草、实施和完善环境管理计划，并保证该计划符合相关法律规定，审计由南澳大利亚水务公司负责。

三、项目标准

项目合同要求联合水务公司按照一流的运营、设计和施工标准提供服务，并获得质量管理体系认证，且在合同期内节约成本的情况下，尽可能不断的提高服务水平。

项目合同一共设定了181个关于水质、客户服务等方面的标准，这些标准比之前南澳大利亚水务公司（所执行的标准）更加严格，联合水务公司在合同的有效期内要努力达到这些标准。

联合水务公司的绩效需定期进行评估和报告。若不能达到相关标准，需根据合同对其进行经济处罚。处罚金额根据问题的严重性、问题出现的环节及次数确定。

四、项目实施

（一）时间框架

1994年11月开始资格审核，1995年10月，联合水务公司中标，

1995年10月中旬到12月底为转移阶段,期间南澳大利亚水务公司和联合水务公司密切合作,1996年1月顺利完成运营的无缝交接。这一交接过程涉及大约400名员工和一些设备。

(二) 技术研发

越来越多的跨国公司认识到建立研发中心的重要性,联合水务公司也通过其母公司在阿德莱德设立了研发中心。联合水务公司在项目初期就与多所大学及研究机构展开合作,进行了一系列研究,包括过滤器的优化、膜处理技术的提高等。

此外,联合水务公司还设计并建造了玻利瓦尔的溶气气浮和过滤设备厂,该厂为北阿德莱德提供污水循环再利用设施。该项目获得多个奖项,并将联合水务公司的成功经验传遍南澳大利亚。

(三) 人力资源管理

该项目400名政府员工成功转移到公司,在没有对客户服务造成负面影响的情况下实现了无缝交接。这在很大程度上得益于联合水务公司实施的具有前瞻性的人力资源战略,并在公司内部形成了独特的企业文化。2004年,联合水务公司还推出了一系列福利政策,包括:12周的带薪假期、40周的无薪假期等。在对澳大利亚195家公司员工生活与工作的平衡状况调查中,联合水务公司排名第21位。联合水务公司还达到了联邦政府的职场女性机会平等机构(Equal Opportunity for Women in the Workplace Agency, EOWA)设定的标准,该标准是女性选择用人单位的重要考虑因素之一。此外,联合水务公司还建立了毕业生发展计划,为毕业生提供了在各个部门轮岗和去海外工作的机会。

五、项目成果

联合水务公司通过编制年度资产管理计划、引入费率合同、创新污泥处理措施等方式,不仅在合同履行方面表现出色,指标完成率超过99%,而且该项目的成功也促使联合污水公司将业务扩展到了维多利亚州和新西兰等地区。同时，作为污水处理 PPP 项目中的成功典范，该项目在很多方面都产生了积极的影响：

在经济效益方面，该项目通过 PPP 模式为南澳大利亚水务公司节约了近 2 亿美金的成本，为南部澳大利亚增加了 7.2 亿美元的出口（超过了合同规定的 6.28 亿美元的目标），另由于采用工程采购与建设管理（EPCM）方法进行工程建设，为国家节约了近 4 300 万美元资金。

在社会环境效益方面，该项目引入了第三方质量控制体系和环境管理体系，建立了世界级的研发中心，改进了污水处理技术。此外，还开发了计算机程序以优化污水处理厂的运行，并对运营中心进行了重组优化，以提供更有效率的电话咨询和紧急事务处理服务。

案例 13　加拿大萨德伯里市污泥处理项目[①]

【案例特点】本案例是加拿大第一个采用政府付费的污泥处理 PPP 项目，介绍了项目在征求建议、谈判协商、融资与支付、风险转移等方面的具体做法，并较为详细地介绍了项目物有所值分析，包括风险识别、量化，以及对传统政府提供与 DBFOM 两种模式的比较等。值得注意的是，协议约定社会资本方在特许期结束前 4 年向政府缴纳项目移交保证款。

一、项目概述

（一）项目背景

2008 年前，加拿大萨德伯里市拥有 9 座二级污水处理厂，其产生的污泥（除埃斯帕诺拉市的污水处理厂、瓦莱市铜矿污水处理厂、麦克法兰湖的省级设施以外）主要通过卡车收集并运到城市污泥中转站，然后填入莱夫利市（Lively）附近的淡水河谷公司（VALE）R1 和 R3 尾矿池。这一做法持续了近 30 年，但由此产生的异味引起了民众的不满和强

---

① Greater Sudbury. *Value for Money and Project Report: Biosolids Project*. 2013.

烈关注，加拿大环境部和 VALE 也要求停止使用尾矿池进行填埋。为此，萨德伯里市政府着手对污泥处理进行总体规划和环境影响评估。经广泛征求公众意见，萨德伯里市的污泥处理总体规划于 2009 年 2 月 18 日提交议会审议。总体规划中萨德伯里市政府决定在萨德伯里污水处理厂内新建一座污泥处理设施，进行污泥的无害化处理和资源再利用。

该项目是加拿大第一个污泥处理 PPP 项目，也是加拿大市政部门早期开展的 PPP 项目之一。该项目将为萨德伯里市政府和居民带来诸多好处，例如使萨德伯里市的污泥处理水平与污水处理需求相匹配，同时解决原有处理方式的异味污染问题。

此外，政府相关部门并不具备污泥处理的经验，而该项目又涉及污泥处理技术的所有权问题，所以如果采用传统项目建设模式，政府需要投入大量资金，用于技术培训和聘用专业人员。而通过 PPP 模式实施该项目，能充分利用社会资本在污泥处理设施运营和产品分销渠道方面的经验，以及社会资本方已有的潜在客户资源。

（二）项目目标

市政府为该项目制定的目标包括：

- 确保提供环境可持续、符合行业最佳实践的服务；
- 确保污泥处理设施和既有污水处理厂设施的"物有所值"，并将风险适当转移给特许经营方；
- 确保项目建设期间其他处理设施仍能继续运行；
- 确保项目的施工和运营安全；
- 确保满足民众要求，避免异味和空气污染。

（三）项目范围

该项目的主要内容包括：

- 总体升级改造，具体包括变电站、公用设施、出入口、停车场、火灾探测与消防系统等设施；
- 污泥/废物接收设施；

- 污泥浓缩设施；
- 污泥处理设施，包括污泥浓缩泵站，污泥脱水、稳定和储存设施。

二、过程分析

（一）征求建议书

2010年，市政府公开征集意向参与者和意向书（Expression of the Letter of Intent，EOI）。最终有4个联合体的意向书符合评估要求，获准进入征求建议书程序。它们是：

- Graham Design Builders 和 Lystek™；
- Kenaidan Contracting Ltd/CH2M Hill 和 Bioset™；
- Maple Reinders/Veolia Water Solutions and Technologies；Biocon™；
- N-Viro Systems Canada LP 和 N-Viro™。

2011年1月，市政府决定该项目采用 DBFOM（设计—建造—融资—运营—维护）模式，由中标的联合体在建设期间承担项目的建设成本，并将承担一部分长期（20年）融资。

2011年3月14日，市政府向上述4家联合体发出萨德伯里市污泥处理项目的征求建议书。在征求建议书过程中，Knowles 咨询公司的公正监督部门负责监管，并提交了一份关于该项目征求建议书程序的公平性意见。

2012年1月27日，分别由 N-Viro 和 Veolia 公司牵头的2家联合体提交了建议书。由于两份建议书都给出了高水平的技术方案，经双方同意，市政府根据相关程序和规则，决定采用协商协议的方式继续竞争程序。

（二）协商协议

为了使在征求建议书及此前所花费的时间和精力效益最大化，政府指派工作人员与社会资本方进行直接谈判，以形成最佳的解决方案。谈判的目标是复审项目的范围、确定合同的条款和适用条件、减少项目的投资和运营成本。

谈判过程由 Knowles 咨询公司负责监督公正性，并签发谈判过程的公正性意见。根据协商协议，确定了提交需求和最终提交文件的评价标准。该标准分为三类：技术、财务和风险分配，每一类又被进一步细分。由于双方的技术标书水平相当，因此在评价标准中，价格权重远远高于技术。

表2-2总结了评价标准和权重分配的情况。评价的目标是使符合技术标准且成本最低的一方胜出。

表2-2 评价标准

评价标准	最高分值
技术方案符合产出说明以及运营维护要求	800
《项目协议》中风险分担的接受情况	300
融资方案	400
财务报价（以净现值为基础）	2 500
总分	4 000

为在最初征求建议书基础上进一步降低资金和运营成本，同时实现风险最优分配，谈判期间政府对项目需求和DBFOM合同进行了小幅调整，同时要求两家联合体针对项目需求和DBFOM合同进行反馈。

2012年10月9日，N-Viro和Veolia分别代表其所在联合体提交了最终方案，包括完整的技术解决方案，更新的融资方案，以及调整后的DBFOM合同的财务报价。基于上述评价标准，N-Viro联合体的技术方案有效满足了市政府的要求，且财务报价最低。

2012年11月20日，萨德伯里市议会批准政府相关部门与N-Viro联合体签署污泥处理项目协议，但需满足以下要求和时间限制：

1. N-Viro提交完全承诺融资证明和更新的融资计划；
2. N-Viro总体按照目前确定的和提交的融资规模执行《项目协议》。

N-Viro接受了议会的条件，并于2013年6月13日完成了融资，《项目协议》正式实施。

(三) 项目团队和外部顾问

负责监管项目采购程序的政府方成员包括市政府首席行政总监、财务总监/财务主管和基础设施服务公司总经理。

该项目工作组包括：具备所需技术、财务和法律知识的员工，基础设施服务公司的水务/污水项目工程师，1 名法律顾问助理及 1 名会计经理。

同时表 2-3 中的行业专家为该项目工作组提供外部支持。

表 2-3　　　　　　　　　　外聘顾问团队

交易和融资顾问	KPGM LLP
法律顾问	Blake, Cassells & Graydon LLP
技术顾问	RV Anderson Associates Ltd.
公平性顾问	Knowles Consultancy Services Inc.

N-Viro 是一家加拿大独资企业，在污泥处理设施的设计、建造、运营和维护领域，拥有丰富的经验和成熟的技术。

为承接该项目，N-Viro 整合了以下团队：

- N-Viro Systems Canada LP，作为该项目的牵头者，负责与污泥处理设施的技术供应商协调；
- PMX inc，负责项目管理；
- Tribury Matheson 集团和 W. S. Nichols，负责污泥处理设施的建设和既有设施的升级改造；
- Cole 工程集团，作为该项目工程设计者，在 RWDI 航空公司协助下，负责确保空气和噪音符合要求。

三、项目关键点

（一）项目结构与融资

由 N-Viro 组建的 N-Viro Sudbury LP 负责执行项目，与上述联合体成员分别签订项目的设计、建造、融资、维护和运营（DBFOM）合同。

项目建设成本约 6 310 万美元，在项目竣工前全部由 N-Viro Sudbury LP 承担。项目竣工后，市政府将向 N-Viro Sudbury LP 支付 75% 的建设成本，约 4 730 万美元，其中加拿大 PPP 中心资助 1 100 万美元，其余部分由市政府进行发债融资。

市政府已通过加拿大 PPP 中心（PPP Canada）和加拿大 PPP 基金（P3 Canada Fund）向加拿大政府申请资助。加拿大 PPP 基金由联邦政府于 2009 年成立，旨在鼓励政府利用 PPP 模式进行基础设施采购。该基金是加拿大设立的第一个直接资助 PPP 项目的基金，由加拿大 PPP 中心管理，目标是"加速公共基础设施的交付，并通过更有效地利用 PPP 模式提高项目的价值性、时效性和可计量性"。

该项目获得加拿大 PPP 中心提供项目总成本的 25% 或最高达 1 100 万美元的资助。资助的前提条件是，市政府必须向加拿大 PPP 中心证明项目可为纳税人提供物有所值的服务。剩余建设成本约 1 580 万美元，将由 N-Viro Sudbury LP 通过未来 20 年的项目运营收益逐步受偿，市政府每年向其支付 137.4 万美元。N-Viro 负责污泥处理设施的运营和维护工作，由市政府付费。合同第 1 年的运营成本约 280.2 万美元（实际成本将根据污泥处理量决定），之后将按照《项目协议》约定，根据通货膨胀和实际污泥处理量进行调整。

该项目的组织和融资结构图如下：

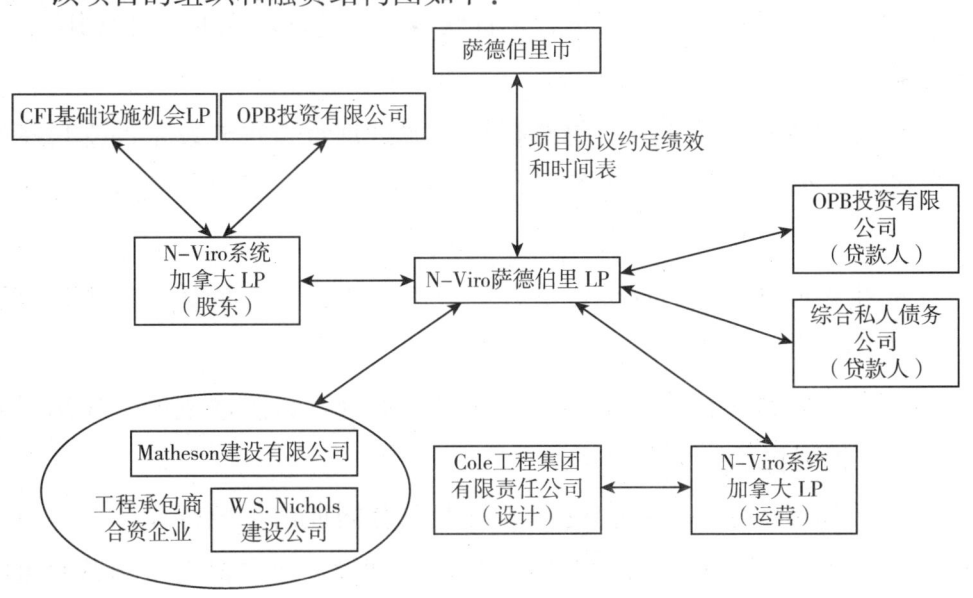

图 2-9　项目组织和融资结构图

（二）风险转移和支付扣减

该项目中，政府与社会资本方签订了 DBFOM 合同（即《项目协议》），规定了施工期间和 20 年特许经营期内各方的职责。市政府和 N-Viro 都接受的风险分担条款是该《项目协议》的一个重要组成部分，其中转移给社会资本方的主要风险包括：

- 建设成本超支。社会资本方承担建设成本高于《项目协议》约定价格的全部风险；

- 项目融资。社会资本方在完成建设和试运营之前不会收到任何回报，项目交付后才将收到 75% 建设成本的付款，其余 25% 在之后 20 年逐渐收回。若社会资本方在运营期内出现违约，市政府可保留剩余资金净现值的 25%。因此，社会资本方承担项目建设期间的全部融资风险；

- 项目进度。社会资本方同意在合同实施后的 24 个月内完成污泥处理设施的建设及现有相关基础设施的改造工作。若未能满足这一要求，将从即日起负责污泥处理，并扣减其应得的付费。因此，社会资本方必须合理做好建设计划以确保按时完工；

- 许可和批复。社会资本方负责获得必要的环境标准审批（排污/空气及噪音）；

- 运营成本超支。政府每月根据污泥处理量按预先设定的支付率支付设备运营费用。因此社会资本方承担所有高出合同价格的运营和维护成本；

- 生物固体产品。社会资本方负责生产 A 级生物固体，若未达到要求，将予以付费扣减；

- 气味限制。社会资本方负责确保污泥处理设施散发的气味满足环境标准，否则将予以付费扣减；

- 长期资产维护。社会资本方负责在合同期内按照行业标准进行设备维护，并每年向市政府提交《资产管理计划》，每月提交《运营和维护报告》。《项目协议》规定，若未按照计划和行业标准进行维护，将予以付费扣减。

（三）移交保证款

项目协议规定，社会资本方应在运营结束前 4 年向政府提供移交保证款，用于确保设施达到预定的移交标准。

四、物有所值分析

（一）物有所值分析含义

物有所值分析包括将政府传统提供模式下风险调整后的成本（通常称为政府部门比较值），与 PPP 模式下社会资本方提交方案的成本进行比较，是政府证明 PPP 模式可行的常用评估工具。如果 PPP 模式成本较低，则表明采用 PPP 方式能使项目实现物有所值。为进行物有所值要求的对实现风险调整后的成本比较，标准的做法是制定风险矩阵，并通过风险研讨会来量化风险。

（二）风险量化

在规划阶段，通过查看之前的行业文件，项目团队成员共同讨论确定了风险矩阵。风险矩阵的目的是找出设计、施工、运营和维护阶段可能发生的项目风险，并促进风险量化。

为确定用于物有所值分析的风险矩阵，2010 年 10 月 28 日，该项目召开了风险研讨会，来自市政府、RV Anderson、毕马威会计师事务所的工作人员，以及加拿大 PPP 中心的项目工作组代表参加了研讨会。2010 年 12 月，各方在发布征求建议书前确定了风险矩阵。

在该项目各阶段识别出的风险包括：

- 规划和采购阶段：能够从市政府获得资金的风险、市场和能力风险、土地征用风险和财务风险（如项目启动前的资本市场波动）；
- 设计阶段：与设计失误和具体产出相关的风险；
- 建设阶段：地质和环境风险、建设延误风险、许可审批风险、成本超支风险、潜在缺陷和范围变化风险、特许经营方建造失败或违约风险；

• 运营阶段：设施运营和维护、设施修复、运营商之间的协调（设施运营商、维护承包商和市政府工作人员），以及与运营者能力相关的风险。

对于每一个确定的风险，分别评估了采用传统政府提供和 PPP 模式发生风险的概率和对项目成本的影响。政府保留的风险的总价值也分别在传统政府提供和 PPP 模式下进行了估算。

风险矩阵和风险量化在采购过程中的关键步骤和融资结束时进行了更新，以反映《项目协议》和融资方案中的最终风险分配。

（三）交付模式

两种交付模式概述如下：

1. 政府传统提供模式

政府传统提供模式适用的项目主要特点包括：

• 污泥处理设施采用"设计—招标—建造"（DBB）合同结构，市政府与建筑设计师/工程公司签订合同进行设计，然后就建设工作进行招标，选定价格最低的合格投标者（假设合同中将约定总金额）；

• 建设资金全部来自市政府，在建造期间，定期向建筑商支付款项；

• 建成后，市政府将负责运营该设施。政府邀请社会资本方竞投运营服务合同，或由政府内部工作人员来提供服务。在物有所值分析中，假设由市政府内部人员负责设施的运营和维护，这使得传统政府提供方式和 PPP 模式的比较更有意义，因为 PPP 模式中，社会资本方负责设施的运营和维护。

该模式的关键要素是由市政府承担与设计、建造、运营和维护相关的全部风险和责任。

2. PPP 模式（DBFOM 模式）

设计—建造—融资—运营—维护（DBFOM）模式中，将项目设计、建造、运营和维护的绩效均包含在一个综合协议中。市政府制定了污泥处理设施和污水处理厂既有设施改造的详细产出说明，N-Viro 必须将这一说明作为与市政府签订的合同的一部分。N-Viro 将负责以下内容：
- 根据项目协议的规定和要求设计污泥处理设施；
- 建设污泥处理设施并改造萨德伯里污水处理厂现有设施；
- 通过债务和股权相组合的方式进行项目融资；
- 负责污泥处理设施的稳定运行和常规维护。

该 DBFOM 合同的期限包括建设期和 20 年的运营期。除了上面提到的活动，N-Viro 还将负责最终产品的市场推广、分销及处置。市政府将分享最终产品的销售收入。

DBFOM 模式的目的是通过合并项目的设计和建设阶段，利用社会资本融资时的尽职调查和严格流程来提高效率。此外，DBFOM 模式允许将与设施运营和资本维持相关的责任和风险转移给更有能力管理这些风险的社会资本方。

市政府向 N-Viro 的付费方式包括两阶段：
- 在设施试运行后支付项目总成本的 75%；
- 在项目的运营阶段，每个月支付一定金额，包括资本偿还和运营付费。资本偿还是在 20 年的合同运营期内，政府逐步向 N-Viro 偿还剩余 25% 建设成本的贷款和利息成本；运营付费是政府按固定价格（每年进行调整）就生产的生物固体付费。

(四) 物有所值分析结果

在两种交付模式下，政府承担的项目全生命周期成本如图 2-10 所示。

如图 2-10 所示，在 DBFOM 模式下的 20 年项目周期的总成本为 1.492 亿美元（净现值），而政府传统提供模式下为 1.603 亿美元（净现值）。通过 PPP 模式，市政府预计实现节约开支 1 110 万美元（总成本的 6.9%）。

图中各项成本的详细信息如下：
1. 政府传统提供模式（计算政府部门比较值）
- 投资成本——预计建造成本、设备和其他费用；
- 运营和维护成本——预计的总运营成本（如劳动力、化学药剂

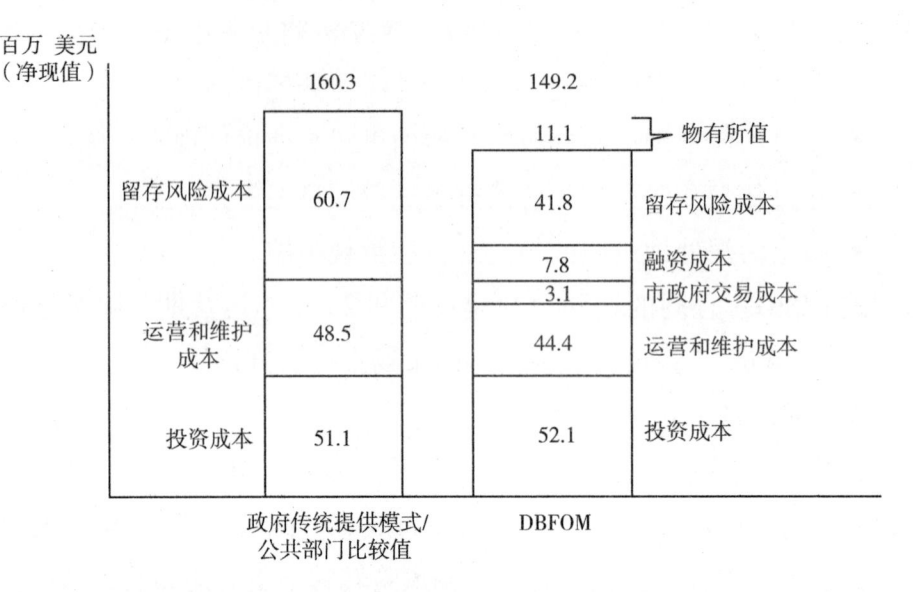

```
百万 美元
（净现值）

                160.3           149.2
                                11.1  ── 物有所值
    留存风险成本  60.7    41.8    留存风险成本
                         7.8    融资成本
                         3.1    市政府交易成本
    运营和维护  48.5    44.4    运营和维护成本
    成本
    投资成本    51.1    52.1    投资成本

    政府传统提供模式/        DBFOM
    公共部门比较值
```

图 2-10　基于净现值的全生命周期成本比较

注：净现值是使用融资交割日（2013 年 6 月 13 日）的折现率 4.5% 计算，代表了市政府长期的平均借贷成本。

和运营期的维护成本（如设备和建筑维修和保养）；

● 留存风险——在传统交付方式下市政府保留的项目风险的估计价值，主要风险包括建设延误、工作缺陷、试运行延误、订单变更、不定期维修、不可预见的运营成本和 20 年内的资产状况。

2. DBFOM 模式

● 投资成本、运营和维护成本——与上述政府传统提供模式中的含义相同；

● 市政府交易成本——交易过程产生的增量成本；

● 融资成本——社会资本方融资较政府融资的增量成本的净现值；

● 留存风险——在 DBFOM 模式下市政府保留的项目风险的估计值。由于在 DBFOM 模式下，一些风险已经转移给社会资本方，因此该模式下的留存风险比政府传统提供模式下的留存风险要低。

案例 14　波兰波兹南市政垃圾热处理厂项目[①]

【案例特点】 本案例介绍了波兰波兹南市政府在垃圾热处理方面毫无经验的情况下，通过 PPP 模式与社会资本合作共同开展垃圾能源化处理项目，重点介绍了项目的竞争性招标法规和政策，政府主动承担需求风险，促进风险合理分配，以及政府向社会资本方支付报酬的结构与方式。

一、项目概述

（一）项目背景

波兰波兹南市修建垃圾热处理工厂（又称"垃圾能源化设施"）的历史可追溯到 2004 年，当时波兹南市根据欧盟标准调整了垃圾管理系统并开始申请欧盟资助（团结基金）。自 2004 年起，波兹南市就开始起草申请文件及可行性研究报告和环境影响评价决策等配套材料。2009 年 8 月至 10 月，波兹南市政府与市民举行了公众咨询活动，就垃圾能源化设施的建设选址向波兹南市和 Czerwonak 市（距离垃圾能源化设施很近）的市民公开征求意见。2010 年波兹南市成功通过了环境影响评价决策并确定了垃圾能源化设施建设选址，同时也申请到了团结基金的资助。2011 年项目又签订了一份 3.52 亿兹罗提的有条件融资协议。

（二）项目地点

因为政府计划将垃圾能源化设施主要建在仓库与工业建筑集中的地区，因此该项目的垃圾能源化设施建于波兹南市北部，靠近 Czerwonak 市政管辖边界，在波兹南市主要的热力与电力工厂附近，以便垃圾能源化设施为热力与电力工厂提供热能与电能。

---

① CRIDO Taxand, Centrum PPP, Baker & Mckenzie. *Public-Private Partnership in Waste Management.* P59 – 65.

（三）关键时间点

项目的完工日期为项目周期（从2007—2013年开始，最晚至2015年年底结束）内最后一次合规投资支出的日期。利益相关方在招标时添加了一条附加条款，要求在PPP协议签订后43个月内完成投资。2013年4月8日签订PPP协议，因此社会资本方需在2015年底前完成垃圾能源化设施的净支出额约为7.25亿兹罗提的投资支出，但项目建设和调试工作计划于2016年11月8日才能完成。

（四）主要参与方

由SITA Polska公司（持股50%）和Marguerite Waste Polska（持股50%）共同组成了项目公司——Sita Zielona Energia Sp. z o.o.。SITA Polska公司是苏伊士环境公司的一家子公司，在欧洲管理着48家垃圾热处理工厂，每年处理市政垃圾约7 300万吨，是全球环保领域的领导者；Marguerite Waste Polska公司隶属于投资基金Marguerite Fund。

二、项目内容

（一）招标过程

2010年初，波兹南市政府决定通过PPP模式在波兰开展垃圾能源化项目。通过PPP模式建设垃圾能源化设施的主要原因是市政府缺少垃圾能源化的经验（在整个波兰亦是如此）。社会资本方参照政府和社会资本合作法案（PPP法案）第四条第二款（即政府采购法），以竞争性对话方式筛选。市政府选择竞争性对话方式来选取合作方，是因为这一方式能充分利用政府采购法规范复杂的投资结构，实现公众利益最大化。筛选负责垃圾能源化设施的设计、建造、融资、管理和维护的社会资本方的工作于2011年4月4日启动，2013年8月8日结束。这个期间包括签订PPP协议和从2011年11月到2012年7月的竞争性对话。PPP协议将项目周期分为两个部分：建设周期，PPP协议签订后的43个月内；经营周期，自建设周期结束后 25 年。

波兹南市政府采购公告中规定，进入竞争性对话阶段的投标人必须拥有丰富建设和运营垃圾热处理设施经验以及保证项目完成的财力。公告称，根据政府采购法，仅有 5 家公司可以参与竞争性对话。如果符合标准的社会资本方超过 5 家，市政府将根据经验选取得分最高的 5 家。对话将按照"与社会资本方进行竞争性对话指导原则"，以确保对话过程的竞争性。市政府最终确定了一套确定评标标准的参考条款，明确评标标准由裁定委员会通过 AHP 多重标准分析法来决定，并确保价格标准优于其他（非价格）标准。市政府收到大量具有竞争性、目标明确的标书，且较易确定欧盟联合融资支持的固定资本投入的价值。除了酬劳外，下面一些标准也纳入了考虑范围：政府与社会资本方之间的相关责任和风险的分配，以及市政府预期支付剩余款项的金额和日期。

（二）技术指标

项目采用的基本技术包括：层燃炉，与层燃炉一体化的废热回收锅炉（保证垃圾的能量能够最大程度得到回收利用），并配备了抽汽冷凝式汽轮机装置向城市供应热水以及向市政电网供应电力。工厂的工作容量每年达到 21 万吨，生产线额定运营时间为每年 7 800 小时。工厂还会配备两条热处理线，每条线的处理容量为每小时 13.5 吨。

（三）项目融资

为了接手该项目，Sita Zielona Energia 从 BGK 财团、波兰储蓄银行以及 PEKAO SA 银行组成的联合体中获得了超过 9 亿兹罗提的贷款，偿还期为 22 年。

（四）风险分配

波兹南市政府从市场测试的结果中发现，需求风险（即垃圾数量和热值风险）不能转嫁给社会资本方。因此，该项目的建设和可用性风险由社会资本方承担，而需求风险由波兹南市政府承担。此外，社会资本方还要负责整个项目周期内垃圾能源化设施的运营和维护。

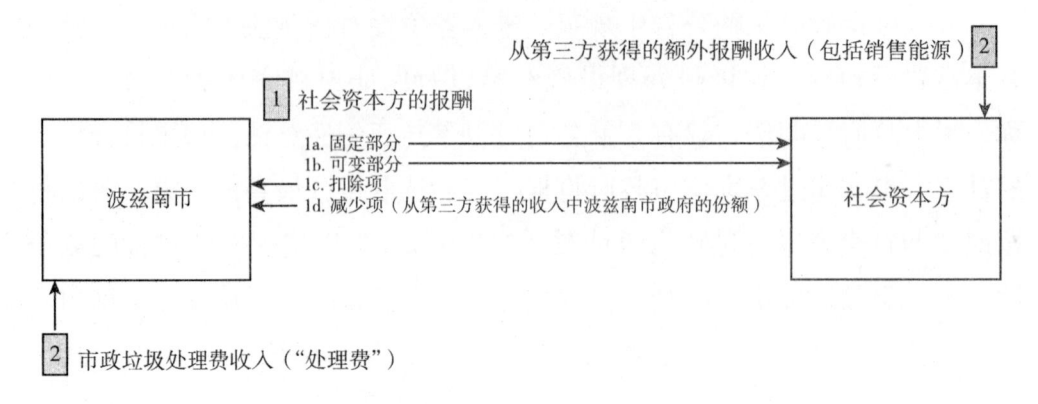

图 2-11　支付原则

（五）支付原则

社会资本方报酬的计算是根据垃圾能源化设施估计运营成本（分为固定和可变成本）、债务还本付息额以及社会资本方的计划利润份额来计算。还将扣减销售电能和热能的收入以及由许可证带来的相关收入。

将由市政预算支付社会资本方的报酬。波兹南市政府将与欧盟资金共同为社会资本方提供PPP法令下所谓的"自我投入"部分，赠款方式的"自我投入"仅覆盖设施的建设成本。报酬将根据支付机制（支付机制说明了计算报酬的组成部分的具体原则）在既定的月份结算。报酬各个部分的计算将依据社会资本方向市政府提供的详细结算账户数据确定。市政府通过这种方法能够全面保证提交的计算结果的准确性。

三、经验教训

项目面临的主要问题在于公众对项目的排斥以及项目的创新性导致标准解决方法不适用，以及合作方缺少在波兰建设垃圾焚烧厂的相关经验。还有一些困难则出现在商定项目结构的过程中（与社会资本方长达25年的合作原则是在不确定的外部法律环境下确定的，因为2012年波兰修改垃圾管理条例造成了法律环境的一次重大变化）。此外，一些政府机构在与社会资本方的合作中未能保守商业秘密也在一定程度上阻碍了项目的开展。

项目的创新性主要体现在混合融资的方式上,即通过欧盟资金、社会资本方与市政府共同融资。

在与社会资本方签订协议之后,为了统计团结基金的资助金额(依据社会资本方递交的投标书),更新了可行性研究。团结基金的资助将帮助市政府减少对垃圾能源化设施处理市政垃圾的支出,并减少居民为垃圾管理支付的费用。

案例 15　德国米尔海姆城市固体废物处理项目[①]

【案例特点】本项目是德国米尔海姆市引入社会资本参与当地固体废物处理,列出了项目公司的运营目标,以及当地政府和项目公司所签订的定价等八方面合同。介绍了政府直接与一家社会资本方谈判易产生的问题和风险,以及项目收费标准确定等指标因素。

一、项目背景

20世纪90年代初期,德国城市固体废物处理在经济、环境、技术等多方面遇到了诸多问题。随着城市垃圾处理市场化进程的不断深化,地方政府逐步转变在城市固体废物处理中的垄断地位,让更多社会资本参与进来。该项目位于德国鲁尔区的米尔海姆,是一个具有代表性的德国城市固体废物处理试点 PPP 项目。

为了引入社会资本,同时加强对固体废物处理这一新兴市场的了解,1994 年米尔海姆政府邀请国际公司 Trienekens AG 和一家当地企业,共同成立了固体废物处理公司——米尔海姆固体废物处理有限责任公司(MEG)。由市政府占股 25.1%,剩余股份由两家企业均分,但 1997 年全部股份都转让给了 Trienekens AG 公司。

1997 年前,MEG(一期)公司致力于为整个鲁尔区提供危险废物处

---

① European Commission. Resource Book on PPP Case Studies. 2004. P83 – 85.

理服务，主要采用焚烧的方法。政府仍负责其他固体废物的处理，以及道路的保洁与污水处理。1998 年，地方政府认为所有的固体废物的处理都应由一家公司承担，同时应引入社会资本和先进技术，因此米尔海姆市议会提出，由市政府、Trienekens AG 公司成立 MEG（二期），通过 PPP 模式处理米尔海姆市的所有固体废物。同时为确保政府对城市固体废物处理这一易引起社会争议领域的政治控制权，地方政府在 MEG 中的持股比例由此前的 25.1% 增加到 51%。而 Trienekens AG 公司接受这一调整的原因是，虽然失去了 MEG 的部分股份，但其可大大拓展业务范围。

二、项目目标

MEG（一期、二期）公司的运营目标如下：
- 为处理危险固体废物提供高水平的解决方案；
- 对用于固体废物处理和道路保洁的设施进行现代化升级，费用由政府和社会资本共担。升级费用和基础设施价值的具体金额保密，但有媒体报道，该项目前 5 年的升级费用大约占基础设施价值的 10%～15%；
- 在政府资金有限的情况下，通过引入社会资本和先进技术以降低成本，为基础设施升级提供资金支持；
- 强化鲁尔区不同城市间的垃圾填埋和生物废弃物处理合作，提高设备使用效率；
- 确保对用户收费的相对稳定；
- 为高失业率地区提供就业保障。

三、项目合同

为了实现这些目标并保障各方利益，利益相关方需就一些正式和非正式协议达成一致意见。这些协议构成了联合公司和 PPP 模式的核心要素。

首先，市政府和 Trienekens 公司共同向市议会递交了非正式的意向书。其中，确定 MEG（二期）作为 SPV 公司的一个重要前提是政府持有 51% 的股份并占据主导权，并将与固体废物处理的相关技术、基础设施、资金、服务和员工等转移给 MEG（二期）。市议会通过该意向书后，项目双方又签订了 8 个合同，对以下内容进行进一步细化约定：

- 股份与资产转移；
- 基础设施、服务（道路清洁，基础设施维护）、工作人员情况；
- 未来 15~20 年社会资本投资情况以及在 2005 年、2010 年和 2015 年应实现的经济、环境和技术标准；
- 2000—2005 年期间的收费标准以及向 Trienekens 的付费金额；
- 在米尔海姆的郊区建设和运营一个新的危险垃圾处理厂；
- 建设和运营一个新的生物垃圾处理厂；
- 政府和社会资本方双方共同承担年度垃圾处理量达标的风险。

四、经验教训

米尔海姆市政府和 Trienekens 公司在谈判中遇到了在所有政府推行 PPP 中均面临的两个问题：

一是政府如果只和一家社会资本方谈判，将面临其他竞争者控诉的风险。德国政府和欧盟都对招标过程做出了严格规定，以防止政府和企业达成内部协议。在 MEG（二期）的谈判中，米尔海姆政府就只和 Trienekens 一家社会资本方进行了谈判，易导致以下问题：

1. 信息不透明。如果只有一家社会资本方参与，合同中参与的银行、合同年度支付金额以及合同授予方式等信息都不够透明，易引起公众对财务信息透明度的质疑。

2. 法律风险。如前所述，政府只同一家社会资本方进行谈判，可能遭致其他竞争者的诉讼。

3. 资产转移价格被低估。在只同一家社会资本方谈判的情况下，公共资产向社会资本方转移时其价格很有可能会被低估。尽管在该案例中未出现此情况，但在 90 年代初期科隆和其他地区的固体废物处理案例中出现了政府职员接受 Trienekens AG 贿赂，为其在招标过程中提供便利的情况。

4. 蕴含潜在风险。如果评标过程过于严格，导致参与的社会资本方数量不足，则可能造成信息不透明、成本增加、腐败，以及竞争性不足导致的生产和技术改进效率降低等潜在风险。

该案例中，米尔海姆政府只和 Trienekens 公司进行了谈判，遭到了其他潜在竞争者的起诉，导致在 2000 年 10 月投诉最后期限结束后，米尔海姆市议会才得以与 Trienekens 公司签订 MEG（二期）的合同。

二是在缺乏相关经验、竞争者众多的情况下，要各方面均达成一致，竞争性招标的用时与直接同一家社会资本方谈判方式相比无太大差异。从米尔海姆的案例中可以看出，如果合同复杂且详细，即使采用竞争性招标，最后也不一定能节省时间。

虽然该项目中存在诸多消极因素，谈判方式也存在潜在风险，但也有一些积极因素促进了该项目的成功实施：

第一，因为固体废物处理的合同中包含了经济、技术、质量、生态等问题的详细解决方案，合同签订过程效率较高，用时较短。

第二，在鲁尔区新建了危险废物填埋场和生物垃圾处理厂，供鲁尔区各城市共同使用，从而促进了鲁尔区各城市之间的协作。

第三，提高了就业率，确保收费标准的相对稳定。

第三节　片区开发

案例16　印度综合纺织园区建设项目[①]

【案例特点】印度政府希望纺织业进行现代化转型，为此出台综合纺织园区计划，成立由联邦和地方政府、社会资本方、金融机构等参与的项目公司（SPV），建设综合纺织园区，为纺织企业提供优惠政策、厂房土地、公用设施、纺织工人培训、符合国际标准的检测实验室、后勤保障等等。案例着重介绍了政府及其顾问、SPV 的职责及项目经验。SPV 的收入来自于纺织企业付费和政府补贴，可视为可行性缺口补助（VGF）支付方式。

---

① International Trade Centre. *Public-Private Collaboration for Export Success: Case Studies from Barbados, Ghana, India, Thailand and Malaysia.* 2011.

一、项目概述

（一）项目背景

服装纺织业是印度国内第二大支柱产业，也是印度经济的重要组成部分。过去十年内，服装纺织行业出现增速放缓、用工减少等问题。该行业进行现代化转型势在必行。印度政府出台了综合纺织园区计划，旨在加强在服装纺织行业有发展潜力地区的基础设施建设。

2005年，综合纺织园区计划实施之初，政府计划在两年内成立25个综合纺织园区，每个纺织园区有50个生产车间，总投资达75亿卢比。每个综合纺织园区的企业数和投资额可以不同，但这些企业在土地、建筑、厂房及机器等方面的总投资，必须是园区基础设施投资的2倍以上。

（二）综合纺织园区计划的目标

- 为服装纺织企业建设符合国际环境和社会标准的世界一流的基础设施；
- 在有增长潜力的地区，通过聘用专业机构，创建综合纺织园区。

该项目是联邦政府大力扶持的重要项目，实施该项目的主要目的是促进所在地区基础设施的现代化，通过引导有潜力的地区快速发展，增强其竞争力。同时提升该地区工人的技术水平，使其能生产出优质、时尚、价格合理的产品。以促进产品的出口和经济的发展。项目成本涵盖基础设施及其他建设，包括纺织机械、零件和附属设施在内的配套建设等支出。综合纺织园区的开发者可以采用多种措施来满足当地需求。

（三）项目范围

该项目包括创建两个综合纺织园区：Pochampally Handloom 综合纺织园区和 Brandix 综合纺织园区。Pochampally Handloom 综合纺织园区于2006年获得印度纺织部的批准，于2008年投产；Brandix 综合纺织园区于2010年5月投产。

(四) 融资情况

通过联邦政府补贴和股权投资获得的融资仅占基础设施总投资的 40%，金额不超过 4 亿卢比，剩下的 60% 由社会资本方筹集。政府及其下属机构持有的股权不能超过总股本的 49%，因此社会资本方是大股东。

参与项目的政府和社会资本方同时筹集资金，并在各阶段同步提供资金。社会资本方可以向银行融资，也可以从其他金融机构获得资金。这些金融机构愿意提供资金是因为其认同综合纺织园区所带来的价值，也认识到参与综合纺织园区的建设能为自身带来利益。

二、过程分析

(一) 参与方职责

采用 PPP 模式来实施园区计划是为了吸引大量国内外的投资。在该园区计划的 PPP 模式下，联邦政府和州政府都参与其中。特殊目的公司（SPV）由当地纺织行业代表、金融机构、州政府、联邦政府和企业组成。

社会资本方实质上是主要的合作方，也是纺织园区中资产的主要所有者。参与综合纺织园区计划的社会资本方负责基础设施的运转。园区的运转资金来源于向区内企业收费，每家企业的收费金额按照其所占土地与建筑面积的比例进行分摊。

为了顺利完成项目，联邦政府、州政府以及各个机构都极力为项目创造有利的环境。同时，纺织部还聘请专家为项目选址，并派专业人员建设相关设施。

政府在推进综合纺织园区计划中发挥了重要作用。印度政府有意成为综合纺织园区的合作伙伴，是因为该计划促进了经济发展并创造了就业岗位。政府的职责包括：

- 为综合纺织园区提供电力、水和其他公用设施；
- 帮助综合纺织园区寻找并购置合适的土地；
- 投资入股 SPV，或者提供政府补贴；

- 提供灵活宽松的用工环境和特殊政策；
- 协调综合纺织园区和其他发展计划，提高效率。

推动综合纺织园区计划的主要是行业协会或企业家群体。SPV 是为满足特定目标，通常是企业为了避免财务风险而创建的法律实体。企业将资产转移至 SPV 用于单独管理或利用 SPV 为大型项目进行融资，而无需把整个企业置于风险中。利用 SPV 可以进行一些复杂的融资，形成不同等级的股本投资。

SPV 拥有自主经营权可确保其不会受到那些对企业经营有影响的制度的限制，因此能够满足综合纺织园区有效运作的所有必要条件。SPV 负责实施综合纺织园区计划，其职责包括：

- 构思、制定并实现财务目标；
- 建设和管理基础设施；
- 购置土地，其支出属于项目成本；
- 在改善基础设施后，分配企业的具体位置；
- 保证园区内企业的银行融资需求；
- 通过向园区内的企业收取使用费和服务费来维持公用设施的运转；
- 有持续的收入来源以保证收支平衡；
- 以公平透明的方式聘请承包商及顾问；
- 向顾问公司及承包商获取履约保证，确保按时完成项目。

在综合纺织园区项目通过论证之后，印度纺织部任命项目管理顾问，负责协助 SPV 以高质量、低成本的标准完成工程。纺织部负责监督项目进展情况。项目管理顾问的主要职责包括：

- 对各地区的需求和潜力进行评估，确定综合纺织园区的选址；
- 促进有当地产业参与的 SPV 的形成；
- 为制订项目计划做准备，包括制定基础设施标准；
- 制订项目计划，并提交到项目审批委员会；
- 协助 SPV 选择合适的机构来编制分包招标文件，并协助 SPV 建设、运营和维护设施；
- 协助 SPV 实现融资承诺；

- 监控项目的实施情况并定期向纺织部提交进度报告；
- 与州政府保持联络，协助解决有关问题；
- 确保在项目审批委员会的指导下按时完成项目。

（二）项目设施

综合纺织园区的建立基于产业集聚的理念，项目的利益相关方都受益于公用设施。除了土地上的建筑以外，公用设施包括围栏、道路、排水、供水、供电，还有自备电厂、污水处理和通讯设施。

园区也有公用的检测实验室、设计中心、会展中心、仓储设施、原料仓库、包装工厂、托儿所、食堂、职工宿舍、服务办公室、供应商办公室、劳工休息区、娱乐设施和营销支持系统。

园区还配有培训中心，为园区里的企业培训熟练劳动力。园区会对学员象征性地收取培训费。

企业无需为进入国际市场再建造检测实验室等一些特殊的设施，因此降低了企业的成本。发展中国家制造商的产品和工艺在边际利润很少的情况下，必须分别符合国际各主要市场不同的技术标准，这对他们来说是严峻的挑战。这些公共基础设施为中小企业满足各个市场的不同标准分担了一部分成本，有利于中小企业的发展。

三、项目成果

2010年政府评估结果表明，综合纺织园区计划已经吸引350亿卢比的投资，并创造了15 000个就业岗位。综合纺织园区的调查数据显示，参与综合纺织园区计划的企业家从当初的7人增加到2010年的171人。平均下来每个园区的企业家数量为55个。在过去几年中，政府设立了几个经济特区，经济特区包含出口产业集群，提供世界一流的基础设施和其他条件。

四、项目经验

发展综合纺织园区的设想来自印度联邦政府，通过政府和社会资本合作，为服装纺织业提供世界一流的设施，使所有参与者的角色得到了明确定位，最终达到了预期的效果。

复制这种模式的基本步骤如下：

- 联邦政府制订发展综合纺织园区计划，有明确的政策和资金支持计划；
- 联邦政府确定项目管理顾问，在政府的监督与清晰的职权范围下运作该项目；
- 当地居民将成为主要受益者。因此地方政府应积极参与国家或省级政府投资开发土地，改善交通；
- 与投资该项目的社会资本方和技术工人成为合作伙伴，这将确保园区内的立法、实施和商业活动得到积极参与；
- 园区与全球市场紧密相连，以推动市场扩张。

印度的综合纺织园区虽然只运作了几年，但是从行业和政府的积极反馈来看，园区可持续发展。

案例17　美国福特岛开发项目[①]

【案例特点】本案例是美国海军依据国会通过的特别法案，以转让或出租闲置资产的方式，授权社会资本方对福特岛上现有公共建筑和历史遗迹进行开发和重建，并改善当地的电力、道路、通信、污水处理等基础设施，同时负责住宅建设等内容。

一、项目概述

福特岛是位于美国珍珠港的一处历史名胜。2003年7月，美国海军授予福特岛置业公司一份自主开发协议，准许其对福特岛进行开发。

为了促进项目的顺利实施，美国国会通过了一部特殊法案，允许美国海

---

① NCPPP. The National Council for Public-Private Partnerships. http://www.ncppp.org/.

军对其多余资产进行价值评估,并将这些资产转让或出租,以换取开发建设的资金和材料。根据该法案,美国海军用欧胡岛上 1 600 英亩的土地向亨特有限公司换取了对福特岛基础设施建设的修缮服务,价值 8 400 万美元。

二、项目目标

福特岛开展 PPP 项目的主要目的是对岛屿上未充分利用的历史遗迹等进行再开发,从而营造一个良好的生活、工作环境,并创造经济效益。该项目还能促进当地房地产业的迅速发展并增加当地工人的收入。

三、项目内容

(一) 实施环境

美国国会中代表夏威夷的议员,特别是参议员 Inouye 和众议员 Abercromie,为上文所述的特殊法案付出了很多努力,法案最终得到了国会的支持,使得项目得以顺利开展。该法案允许美国海军决定其资产中哪些是闲置的,并可以将闲置资产进行价值评估,换取开发建设的资金和材料。特别立法通过后,美国海军才可以签署实物协议,即以未被充分利用的土地换取建设资金和材料。

此外,当地的工会领袖对这个开发项目有所顾虑。2004 年 2 月,当地劳工和项目执行方达成了 Aloha 稳定协议 (ASA),协议规定了贯穿整个项目周期的劳工工资标准。协议对工会成员和非工会成员都有效,因为在项目建设期,大约需要雇用 400 名工人,包括工会成员和非工会成员。此外,协议还确定工作进度,对成本超支的控制也作了相关规定。

(二) 主要参与方

美国海军是该项目的政府方。美国海军近年来已经在很多项目中使用了 PPP 模式,特别是住宅建设类项目。

福特岛置业有限责任公司是该项目的社会资本方,是由具有 PPP 项目经验的亨特有限公司和福陆联邦服务有限责任公司共同设立的承包联合体。

（三）融资协议

美国海军以价值 8 400 万美元的地产换取福特岛置业有限责任公司的实物建设服务。这些地产包括横跨整个欧胡岛的五块土地，总面积达 1 600 英亩，共有 1 988 户住宅。

（四）合同条款

合同详细列出了开发福特岛的计划和预期。合同要求社会资本方为福特岛修建公共设施，翻修现有建筑并改善基础设施。计划在后期阶段还包括为军方修建至多 430 栋军用住宅。由社会资本方经营的房屋会对军队和平民家庭开放，但是军用住宅的房租不会超过基本住房津贴。

（五）项目实施

合同要求将 8 400 万美元用于改善道路、电力、通信和污水系统等基础设施。具体而言，该 PPP 项目修建了 4.6 英里的光缆、29.3 英里的 15 千伏电缆、3.9 英里的管道，拆除了 13.8 英里的旧公路，重新铺设了 2.2 英里的公路路面，并新修了 3 英里的公路。此外，社会资本方还在岛上新建了 231 栋住宅。

开发团队还将之前的剧院改建成了一座面积为 21 000 平方英尺，价值 1 400 万美元的会议中心。三座老式飞机库被第三方租用并翻新，用于太平洋航空博物馆，项目资金来源于一笔用于翻新的赠款。福特岛的机场指挥塔同样也被改建成了一座第二次世界大战纪念博物馆。社会资本方修建了一条福特岛历史小道，将所有的景点连接起来，向游客展示珍珠港事件。这条环绕岛屿的历史小道长 4.5 英里。

福特岛置业公司还承担了对福特岛上其他资产的管理。这些设施分布在海滨区、巴博斯地区和维克勒地区等。福特岛置业公司在巴博斯地区整修了 280 栋住宅，以满足当地军民的住房需求。维克勒海军废弃弹药仓库也被改建成了有用的办公室和储藏室。

四、经验教训

该项目遇到的最大障碍是请求美国国会通过特别立法,从而允许美国海军对其闲置资产进行价值评估,并将这些资产转让或出租,以换取开发建设的资金和材料。夏威夷的国会代表和福特岛置业公司意识到了福特岛的巨大价值,并为该法案的顺利通过付出了巨大的努力。

Steve Colón,亨特公司的夏威夷发展部主席,因其对福特岛PPP项目的贡献获得了国防社区协会(ADC)私营企业领导奖。该项目本身也获得了ADC基础重建创新奖。这些奖项意味着该项目具有代表性,因为它在尊重福特岛历史遗产的同时,也为该地区带来了许多经济效益和软实力的提升。

第四节 节 能

案例18 美属维尔京群岛节能项目[①]

【案例特点】美属维尔京群岛采用PPP模式,引进社会资本方负责节能计划的设计、实施、部分融资和管理等,政府负责为节能项目提供初始投资资金,利用高效节能和先进可再生能源技术为当地政府、企业和居民实现节能60%的目标。项目获得NCPPP2011年度创新大奖。

一、项目背景

美属维尔京群岛所处地区由于常年气候湿润,需要空调除湿,巨大的电力需求给电力系统造成了沉重的负担。21世纪以来,美属维尔京群岛政府一直在寻找削减能源需求的方法。为推动可再生能源项目的发展,减

---

① NCPPP. The National Council for Public-Private Partnerships. http://www.ncppp.org/.

轻电力负担，美属维尔京群岛政府于 2009 年通过了《维尔京群岛可再生和替代能源法案》。为此，维尔京群岛政府和社会资本方 Bostonia Partners 公司合作，发起了能源联盟，采用 PPP 模式推进节能工作。

二、项目介绍

（一）项目目标

维尔京群岛政府（GVI）设立了节能 60% 的目标，该目标由一个长期致力于岛国能源发展（EDIN）倡议的团队提出。该团队认为，这一目标的 38% 可通过采用高效节能的方法来实现，另外 22% 可通过可再生能源计划实现。目前，维尔京群岛完全依靠燃油发电来满足电力需求，因此要承受油价波动带来的负面影响。减少电力需求并使用可再生能源将会降低能源成本，并提高电力供应的稳定性。

能源联盟制订的节能计划中将能源消费群体划分为政府、工商业、小型企业和住宅四类群体。在维尔京群岛水电部门的帮助下，能源联盟评估了不同能源消费群体的需求，并针对不同需求制定了不同解决方案。维尔京群岛能源联盟计划到 2014 年覆盖 80% 的政府电力需求，每年为这一群体节能 20%，在其他群体实现每年节能 15%～25% 的目标。预计到 2014 年，项目投资 8 500 万美元，将能为所有群体节约 2 000 万美元的能源开支。

该计划能创造就业机会，并为当地绿色产业的发展奠定基础，这也是该计划的目标之一。

（二）主要参与方

政府方：维尔京群岛能源办公室。由于维尔京群岛的电力系统完全依靠燃油发电，所以政府迫切需要发展节能技术并研发可再生能源。这项 2008 年的提议促使政府寻求一家执行机构来计划和提供服务，具体包括委托和管理节能服务公司和节能设施。

维尔京群岛水电部门（WAPA）协助维尔京群岛能源办公室和能源联

盟推进节能计划。在该项目开展之前，水电部门负责向所有部门供水供电。

社会资本方：Bostonia Partners 公司。该公司也是合同约定的项目执行机构。Bostonia 是一家向全美国政府和公司提供能源开发和融资方案的投资银行。

其他企业也发挥重要作用。Energy Systems Group 有限公司以及 FPL 能源服务有限公司提供节能设施。

东南能源效率联盟（SEEA）是一家非营利机构，该机构帮助维尔京群岛能源办公室获得了提高能源效率的资金。此外，东南能效联盟还辅助维尔京群岛能源办公室开展小型企业方面的工作。Quality Electric Supply 有限公司以及 Merit Electrical 有限公司将会在小型企业中开展节能项目。

节能服务公司按照合同约定在群岛上开展工作将会为当地的供应商和工人创造学习相关行业知识的机会。这些公司将通过提供新的就业机会以及对工人进行新技能的培训来帮助他们开展业务。

（三）实施环境

维尔京群岛 2009 年发布的《维尔京群岛可再生和替代能源法案》为项目实施提供了良好的法律环境。该法案明确要求社会资本方提供专业技术支持，这一要求促进了美属维尔京群岛 PPP 项目的实施。此外，该法案还提出了支持可再生能源开发及其基础设施完善的要求。

美属维尔京群岛于 2010 年 2 月加入了岛国能源发展（EDIN）倡议计划。EDIN 帮助维尔京群岛政府设定具体目标，并为项目融资争取额外的资金支持。

（四）融资安排

美属维尔京群岛政府提供初始投资资金。在计划完成设计并得到落实后，项目的经营者应借助节约下来的费用维持自身经营。节能节水设施由节能服务公司设计、安装和维护，节能服务公司应保证实现合同约定的节约量。其费用由节约量对应的费用节省来支付。

维尔京群岛财政部门为政府的节能措施提供资金，这些资金由维尔京群岛能源办公室管理。维尔京群岛能源办公室从《美国复苏与再投资法案》（ARRA）中的"国家能源计划"获得额外的津贴和补助，为各项活动提供资金。

东南能效联盟（SEEA）将补助资金分配给了维尔京群岛能源办公室。这些资金用于补贴小型企业的能源保护措施。在2011财年和2012财年，他们获得的补贴达到240万美元。一个价值60万~80万美元的试点项目在2011年夏季从东南能效联盟处获得20万美元的补贴。

（五）合同条款

政府与Bostonia签订的合同内容涉及多个方面，其中包括设计并实施整个维尔京群岛地区的能源节约及可再生能源计划。具体条款包括：寻找减少使用成本的项目契机和计划；为旨在减少维尔京群岛能源消耗的服务提供一份市场总体评估；评价基于绩效的合同结构对于维尔京群岛的适用性；为提出的方案制定实施策略；为整个区域内节水节能以及可再生能源采集设施的安装提供融资；对节水节能和可再生能源设施的安装工程加以管理。

（六）项目实施

为确保合同中承诺的成本节约目标能够实现，有必要对节能服务公司的规划进行管理。能源联盟有责任监督节能设施的日常维护、年度测量和检测（对每个政府机构及部门也包括在内），以确保节能服务公司的经营合乎规范。

Bostonia对圣克罗伊和圣托马斯建筑物进行了初步调查以评估房屋节能和保养技术（改善维护结构保温能力）所带来的回报率。调查认为在四类群体中都存在着提高能效、减少能耗的空间。空气流通、密封性能差、照明和机械系统陈旧，以及普遍的楼房温度失衡是迫切需要改进的地方。

能源节约绩效合同正在政府部门中开展。合同实施以维尔京群岛能源办公室和节能服务公司之间签订的能源节约主协议（MESA）为开端。节能服务公司进行了审核，为每栋建筑制定具体的节能措施。维尔京群岛政府获得立法机关的批准进行借款，而借款将由节省的能源费用偿还。在项目完工后，Bostonia 和维尔京群岛能源办公室将对设施的绩效进行监控，以保证节约能源和成本目标的实现。

工商业的节能将采用与政府部门相同的绩效合同。由于这会降低维尔京群岛的能源需求，并减少大型企业的运营成本，因此，大型企业会因与节能服务公司签订的合同以及投资于节能设施而获益。政府则能够帮助工商业通过美国农业部获得贷款担保。

东南能效联盟和维尔京群岛能源办公室正共同致力于落实小型企业能效计划。Quality Electric Supply 公司和 Merit Electrical 公司将在照明、供水、建筑施工以及可再生能源领域开展节能评估，并指导企业如何在能耗支出至少减少 15% 的基础上，使能源的投入产出最大化。一旦企业决定采用节能措施，将与上述公司签订合同开展项目工作。这两家公司将有资格获得最高可达项目成本 40% 的资金补助。

三、项目成果

维尔京群岛教育部门的节能改造是首先成功完成的政府项目，为该地区 44 所学校安装了节能设备。该项目耗资 700 万美元，其中至少 300 万美元用于支付当地的材料、工资、设备、住宿、餐饮和其他费用，仅该项目就可为当地工人提供 25 个就业岗位，向工人进行技能培训，使其在工作中受益。

之后，维尔京群岛能源联盟还在群岛上建立了一个用于管理的业务基地，这也为当地带来诸多就业机会。该项目总投资约 1 200 万美元。以 2011 年的能源价格为基准，上述两个项目在随后的 10 年中节省的能源开支将达 2 430 万美元。可见，这些项目投资不仅有利于降低能源使用成本，同时还会带动地方经济发展。

四、经验教训

维尔京群岛能源办公室和 Bostonia 了解到为小型企业和居民进行节能改造获取投资的难度比为政府和工商业进行节能改造获取投资的难度要大得多。能源整体负担的减少意味着能源需求的降低,这将使纳税人从中获得好处。为了替公众节约能源,维尔京群岛能源办公室分阶段启动了计划,首先从政府开始实施项目,这一计划将逐步转化至为所有消费者节约成本。同时维尔京群岛能源办公室和 Bostonia 公司还设法为政府提供对工程规划和实施阶段的实时跟踪,以使其获得奥巴马总统签署的 2009 年《美国恢复和再投资法案》发放的资金。

项目进展过程中采取的市场调整使得维尔京群岛能源办公室可以运用每个群体的优势。在政府和工商业的节能改造中,使用他们的自有资金进行投资更为有利。对于小型企业和居民的项目,维尔京群岛能源办公室能够帮助他们争取资助。

案例 19　美国军队零能耗住宅项目[①]

【案例特点】该案例是美国军方运用 PPP 模式引入先进技术建设零能耗住宅的项目,获得了 2012 年 NCPPP 创新大奖。案例介绍了如何引入社会资本方进行项目设计、建造、运营,并指出成功的关键之一是对住户进行节能节水教育。

一、项目概述

美国国防部在许多军事基地运用 PPP 模式开展了住宅运营和维护,并一直致力于开发和利用创新技术。政府和社会资本之间的这种合作关系,能够推动设计的创新、保证规模的可控性和成本的合理性。因此,所有参与项目的合作方都希望把项目的成功经验复制到更多项目中去。

---

① NCPPP. The National Council for Public-Private Partnerships. http://www.ncppp.org/.

2007年底，美国国防部采用PPP模式建设零能耗住宅。与常规住宅相比，该住宅减少了54%的能源消耗和27%的水消耗，所需的46%的能源由光伏太阳能电池板提供，从而实现"净零"能耗。与其他环保设计相比，该项目不但降低了能源消费量和碳排放量，更大幅降低了生活成本。由于成效显着，国防部要求到2030年所有的军事设施都要实现能源、水和垃圾的"净零"。

二、项目目标

在零能耗住宅项目下，美国军方不断测试减少能耗和运营成本的方法。军方认为提高住宅的可持续性是增强防卫能力的一种手段。军方认识到绿色节能需要更多的资本投入，但从长期来看可以降低成本。军方也认识到绿色节能对安全性的提升：若敌方摧毁了主电网，军方可自己生产能源并且用的能源更少。

该项目还旨在评估建设零能耗住宅对住宅建设行业的影响。项目测试了社会资本方把碳排放较高的住宅改造成零能耗住宅的能力。该项目还致力于开展住宅节能相关的宣传工作，比如向房主传授节水节能的技巧，并通过屋内设施检测能源使用量等。

三、项目内容

（一）主要参与方

该项目的政府方是美国国防部。国防部方多年来一直在努力通过PPP模式维护和改善住宅设施，是一个有能力有意愿的政府参与方。此外，美国陆军设施管理东南局、能源部、国防部环境安全转移认证计划都发挥了重要作用，为项目提供了环境和建设方面的指导。西北太平洋国家实验室（PNNL）也提供了技术援助，包括监控住宅性能、能源消耗，以及每季进行测试分析。

该项目的主要社会资本方是联盛集团。该集团曾运营和维护了约四分之一的军事住宅，其采用的材料和技术提升了项目的环保性能，并在整合实践经验和技术的基础上申请了 ESTCP 补助。此外，社会资本方还包括坎贝尔隧道有限责任公司。

美国绿色建设委员会和全国房屋建筑商研究协会（NAHB）在整个设计建造过程中对技术和材料提供了咨询支持。

（二）实施环境

军事住宅私有化计划（MHPI）允许军方分支部门协助建设和修缮军事设施中的住宅，也允许项目引入社会资本。这是一种灵活的 PPP 机制，使项目能够选择适合自己的社会资本方。

美国陆军和军队住宅社区规划项目也对该项目提供了大力支持。军方内部的积极态度有助于项目的推进，该规划项目推动军队文化从注重结果向注重可持续性、节约能源的方向转变，让军方有动力去探索一种成本效益更优的方法来建设零能耗住宅，并从中汲取经验，运用到国防部其他的项目和住宅建设项目中去。

（三）融资和支付

项目建设资金来源于联盛集团和美国陆军的股权投资，以及一些私人贷款。此外还从美国陆军获得能源补贴，用于模型设计和能源监测。美国陆军向住宅提供基本补贴，用于支付给联盛集团，这激励联盛集团努力为社区居民提供足够的住房。

美国陆军和联盛集团有着长期的合作关系。目前，联盛集团为美国陆军提供了将近 40 000 个军用住宅。长期的租约有利于将社区发展的高成本进行分摊，也使得大量住房能够获得持续的维护修缮。相比完全由政府负责的情况，PPP 模式让军方能更快捷地建设和管理住宅，也更符合成本效益原则。

（四）特许内容

美国陆军授予联盛集团长达 50 年的特许经营期，联盛集团负责在肯塔基州坎贝尔堡建设两座零能耗住宅和两座普通住宅，并将这些住宅进行全年监控，以比较其能源使用效率。联盛集团还负责现有住宅（包括该项目新建的四座住宅和一些原有住宅）的修缮工作，联盛集团计划逐年对住宅进行修缮，以在合同期内对尽可能多的住宅进行修缮。

此外，合同规定由坎贝尔隧道有限责任公司负责维护该项目在肯塔基州坎贝尔堡的所有资产。

（五）实施指标

传统的住宅结构每年需要消耗约 20 862 千瓦时的电，而零能耗住宅每年只需消耗 9 631 千瓦时的电，预计用水量也将减少 27%。最大限度地发挥零能耗住宅在节能上的作用，关键在于对住户在入住前进行节能节水方面的宣传教育。根据统计，这能够使住户降低 19% 的能源消耗。

四、经验教训

与传统住宅建设与维护过程不同的是，该项目中各利益相关方必须作为一个团队进行合作。这种团队合作有助于化解潜在问题发生时带来的负面影响，使项目能够按时按预算完成。

该项目值得称道的地方在于，它致力于培养住户在节能节水方面的环保意识，这种做法值得其他零能耗住宅项目借鉴。这个项目的成功，有助于在住宅市场中推动节能住宅的发展，对在城市建设绿色、可持续的社区具有一定的意义。

第三章 社会类 PPP 项目

第一节 保障性住房

案例 20 加拿大卑诗省安置房行动项目[①]

> **【案例特点】**本案例介绍了加拿大卑诗省采用 PPP 设计、建造、融资、运营、维护安置房，列示了项目目标、范围、维护要求等，介绍了风险分配情况及物有所值评估。本案例指出，竞争性招标流程和基于绩效的支付机制能够激励社会资本方积极创新、提高效率、改善服务。此外，还凸显了设立由双方参加的施工期、运营期正式交流平台，实现全流程的政府监管以及政府补贴与付费在项目成功实施中的重要作用。

一、项目概述

加拿大卑诗省温哥华市中心东区的单间住房建筑（Single Room Occupancy，SRO）几十年来得不到及时维护，早已年久失修，几乎不能居住。如果保持现状，房屋状况会继续恶化，将需要更多资金进行维修，甚至成为废墟。2010 年，加拿大卑诗省房屋局（British Columbia Housing）制定了一个概念性规划，描述了温哥华市中心东区急需解决的住房需求，确定了修整房屋所必需的资金，获取了省政府的批准，制订了一个完整的商业

[①] British Columbia. *Project Report*：*SRO Renewal Initiative*. 2013.

方案。省政府于 2011 年批准了该商业方案，并授权房屋局通过竞争性采购完成该项目。2012 年 12 月，房屋局与社会资本方"安置房行动"（Habitat Housing Initiative，HHI）签订了一份基于绩效的固定价格项目协议，共同完成温哥华市东区的 13 栋 SRO 改造项目。HHI 负责设计、建造、融资和维护（DBFM）工作。项目特许期为 15 年，另外，预计的建设期为 3 年。

二、项目内容

（一）项目目标

房屋局为该项目制定了以下目标：
- 未来 10 年内为 900 人提供满意的住所；
- 房屋具备灵活性以满足未来的需求，减少市中心东区即将面临无家可归的人数；
- 减少房屋局没有可用对应预算资金偿还的负债，延长 SRO 的可用寿命；
- 帮助房屋局实现"碳中性"能源的有效利用，减少温室气体的排放；
- 创造就业机会；
- 维护社区稳定，改善居住环境，支持和推进温哥华市中心东区的振兴计划。

（二）项目范围

该项目对总面积约 40 000 平方米的 13 栋 SRO 进行翻新。对于每栋 SRO，工作范围包括：
- 完成设计工作，并获得房屋局的批准；
- 获得许可（拆迁、建设、文物、SRO 式旅馆）；
- 规划并与房屋局协调租户的搬离和回迁工作；
- 建筑结构的安全问题以及建筑外围的翻新；

- 通过主管部门的检查验收；
- 为提供建筑管理服务的非营利性机构进行有关新建筑系统的指导和培训；
- 在 15 年的项目特许期内，与房屋局和非营利性机构合作，持续提供设施管理和全寿命周期的服务。

为促进项目完工，社会资本方 HHI 在 2012 年 10 月就开始了前期准备工作。HHI 将负责整个协议有效期内设施的维修服务，并在 PPP 合作结束时，按项目协议规定完好无损地归还建筑物。设施维护的要求包括：

- 全寿命周期的维护；
- 主要建筑系统的运营；
- 建筑安全系统；
- 24 小时维修呼叫中心。

此外，项目协议还制定了促进市中心东区居民就业和技能培训的社会发展计划。

（三）主要参与方

政府方：加拿大卑诗省房屋局。

社会资本方：

- 承包联合体牵头人：HHI；
- 股权提供方：Forum Equity Partners Inc.（Forum）和 Ontario Pension Board（OPB）；
- 放贷方：Canada Life Company（Canada Life）；
- 设计方：Merrick Architecture-Borowski Sakumoto Fligg Ltd.（Merrick）；
- 建设方：Ameresco Canada Inc.（Ameresco）；
- 设施管理服务方：Ameresco Canada Inc.（Ameresco）。

Forum Equity Partners 和 Brookfield Financial 共同承担项目财务工作，直到融资结束。Forum Equity Partners 在融资结束后继续担任开发者和承包联合体牵头人，并作为承包联合体的总管理者，负责整个特许期内的融资、规划、设计、整修维护以及绩效监控等方面的管理。

(四) 风险分配

项目协议制定了建设期和15年运营期内详细的风险分配条款，将主要风险转移给了HHI（例如建设、成本和进度）：(1) 当房屋建成并准备入住时，HHI才开始从政府方获得按照绩效的付款，以激励其按时按预算完成项目；(2) 项目协议的到期时间是固定的，因此任何延误都会使HHI收益减少，这也有效地激励了社会资本方按时完成项目；(3) 如果不能达到项目协议中的设施可用性和维护标准，将相应扣减支付给HHI的费用。表3-1总结了房屋局和HHI之间的风险分配。

表3-1　　　　　　　　房屋局和HHI之间的风险分配

风险	保留在房屋局	转移给HHI	双方共担
法律更改			●
调试		●	
建设		●	
装修和设备安装的成本变动		●	
设计		●	
现有的场地条件	●		
现存结构风险			●
项目协议实施后的融资		●	
不可抗力			●
地质		●	
运营过程中的劳动力成本			●
经济周期		●	
维护		●	
所有权	●		
进度		●	
项目范围变更	●		
法律遵守情况		●	
公用设施单位成本和消耗	●		

(五) 物有所值评价

经与政府讨论，结合项目采购的目标和项目范围，政府方的项目小组认为，传统的政府交付模式为设计—招标—建造（DBB）方式，PPP采购方案是DBFM方式。

传统交付方式：设计—招标—建造（DBB）方案。政府首先聘请设计师提供设计方案，然后公布招标方案。最终，选择最低报价方并签订固定价格的建筑合同。建筑承包商按照设计师的设计图纸负责施工建设，政府对项目设计的错误与遗漏负责，并每月根据进度向承包商支付费用。项目建成后，为满足项目全生命周期的运营和维护需要，政府必须签署一系列合同。这种方案下，政府承担了主要的设计和建造风险，比如延期、建造成本和全生命周期的维护成本增加等。此外，政府还需负责设计和维护团队的协调工作。

PPP采购：设计—建造—融资—维护（DBFM）方案。这种方案的关键是选好项目合作伙伴。合作伙伴的选择涉及两个阶段的竞争性选择过程。第一阶段是资格预审阶段。这一阶段将对有意向的团队提交的资格预审材料进行评估，并确定进入第二阶段的短名单。第二阶段是项目建议书阶段。这一阶段，政府明确项目的具体目标，并要求投标人提交项目建议书。项目小组通过评估项目建议书来确定最终的社会资本方，并与之签约。在协议规定的整个项目周期内，向社会资本方按时支付基于绩效的固定数额款项。只有项目完工并达标之后，才会启动支付机制。为确保获得全部款项，社会资本方必须满足明确的、可测量的绩效和持续的可用性标准。可以发现，DBFM方案提供了一种社会资本方和政府激励相容的财务框架。

据估算，若采用DBB模式，项目的成本现值是2.074亿加元；若采用DBFM模式，社会资本方的报价是2.022亿加元。从财务角度考虑，与传统交付方式相比，PPP模式可为纳税人多带来520万加元的价值。具体请见表3-2。

表 3 -2　　　　　　　　　　　物有所值分析表

成本现值（百万加元）	PPP 模式	DBB 模式
按年支付给 HHI 的服务费总额	134.0	无
加拿大 PPP 基金支付的资本	32.7	
资本成本	无	123.5
全生命周期运营费用		21.8
风险调整		28.1
项目管理成本（HST、保险、采购）	35.6	34.0
总计	202.2	207.4
成本差异	5.2	
成本节约百分比	2.5%	

对物有所值贡献较大的因素来自竞争性建造定价、工期缩短和设计、建造、融资团队的资源整合及有效的风险分担机制。物有所值分析方法源自官方文本——《量化采购选择分析的方法学》。采用的折现率是 6.64%（考虑了通胀和利率因素），折现时点是 2017 年 1 月。

（六）项目融资

Forum Equity Partners Inc. (Forum) 和 Ontario Pension Board (OPB) 负责发行整个项目的所有股票。加拿大生命保险公司和大西部生命保险公司共同为项目提供所有的高级债务资金。

项目固定资产投资 1.433 亿加元。加拿大 P3 积极支持 2 910 万加元（2017 年 1 月的现值为 3 270 万加元），按照房屋建成进度及经独立认证的合格建设成本拨付，其余由 HHI 负责融资。

（七）基于绩效的支付

基于绩效、设备可用性和服务质量的支付机制将对 HHI 产生激励作用。在建设期，在每栋建筑完成之后，HHI 每月都会获得加拿大 P3 基金的资助。不过，每栋楼只能获得合同中约定的 95% 的成本费用，只有在 13 栋楼全部建造完毕后才能得到剩余的 5%，这是为了激励 HHI 认真履约。15 年特许期内的服务费按月支付，而且主要基于房间的可用性和设施维护服务的质量。估算整个特许期费用现值为 1.34 亿加元。

值得注意的是,HHI 的绩效受到基于关键绩效指标的持续约束。如果未达到合同约定的标准,房屋局就会对支付金额进行扣除。比如,如果一栋有 120 个房间建筑的电梯发生故障且超过一天没有修好,则将按照停用的天数,每天扣除 8 000 加元。

三、采购和实施过程

(一) 项目采购

在招标过程中,有 6 家意向单位提交了资格文件。有 3 家潜在的合作伙伴进入短名单。然后举行了多场主题会议,每个投标单位都有机会讨论有关商务、法律、设计、建造和设备管理等具体事宜,并据此形成了项目协议草案,成为项目建议书的共同基础。短名单中的两家提交了项目建议书,政府评估后,确定 HHI 为合作方,签订了协议。

表 3-3 列出了项目的采购时间和主要成果。

表 3-3　　　　　　　　项目采购时间和主要成果

采购阶段	时间	结果
资格预审	2011 年 10 月至 2012 年 1 月	项目在当地、省级、国家和国际上进行招商。评估了 6 个意向者,最终在 2011 年 1 月在短名单中确定了 3 家单位:HHI、Integrated Team Solutions、Concet Partnership Works
提交建议书	2012 年 2 月至 10 月	短名单中有 2 家单位提交了项目建议书
确定优先合作伙伴	2012 年 10 月	评估项目建议书之后,HHI 被选为优先合作伙伴
项目协议	2012 年 12 月	房屋局与 HHI 签定项目协议

(二) 项目进程

1. 设计和建造阶段

根据项目协议,房屋局和 HHI 须分别委派设计和建造代表。房屋局的代表有权在项目设计和建造阶段代表房屋局审查、批准、接受或确认HHI 的活动。房屋局的代表背后有一组由专家组成的团队支持,房屋局代表及其团队可以随时检查施工现场,并将检查信息上报房屋局。

此外,按照项目协议的要求,项目建设伊始就成立了施工期间联合委员会。施工期间联合委员会规范了交流策略,目的是给各方在项目建设期间提供一个正式的交流平台来咨询和交流所有与该项目有关的事宜。施工期联合委员会在特许期的初期继续存在。

为支持上述检测活动,房屋局和 HHI 还共同任命了一位独立的认证人员,负责对建设进展进行检测和报告,并对特许期初期的服务情况进行认证。

2. 运营和维护阶段

根据项目协议,房屋局和 HHI 须分别委派 1 名代表,在 15 年的合同运营周期里,担任运营期联合委员会成员。该委员会是一个为各方在运营期间就与设施相关的所有问题提供咨询和讨论的正式平台。在运营阶段,HHI 将给房屋局提供以下信息以供参考和批准:

- 设施维护的年度计划以及 5 年计划;
- 建筑的管理需要遵从项目协议列示的计划和绩效指标。

3. 质量管理

项目协议充分考虑了无法达到绩效要求所产生的财务后果,旨在激励HHI 能确保完成交付,保证项目的质量和性能。在运营期间,HHI 有一套交付服务的绩效检测计划,以使房屋局审计时,该计划能随时提供报告及支持数据。

递交给房屋局的月度报告包含以下信息:

- 拨打给设备管理服务台的电话以及解决方式的总结;
- 设备无法使用以及无法提供服务的总结;
- 每月支付给 HHI 服务费用的计算;
- 所有安全保障办法以及法定测试的总结(例如灭火器的检查)。

(三) 移交

特许期结束时,项目移交给政府,社会资本方退出。

移交要求：在 15 年特许期结束时，建筑物的状况必须符合项目协议所规定的服务和维护规范。例如，建筑物结构倒塌、地板磨损或者总体环境脏乱等都将不被接受。HHI 和房屋局将在项目期结束之前共同委托一个独立团队对建筑物的状况进行检查和调查，费用也由双方共同承担。在项目期结束时，HHI 有责任满足移交的要求。

案例 21　加拿大卡尔加里市 Bob Ward 住宅项目[①]

【案例特点】本案例介绍了加拿大卡尔加里市通过 PPP 建设保障性住房并具体采用了建设—拥有—运营（BOO）运作方式。非营利组织在项目中替代了一般情况下的企业类社会资本方，以"社会资本发起"方式建议了项目。由于设计阶段工作充分，非营利组织无需承担任何债务，房屋租金收入完全满足日常运营和其他建设开支，项目自身具有财务可持续性。

一、项目概述

Bob Ward 住宅项目位于卡尔加里 Glamorgan 地区的一个社区，该社区距离中心商业区约 8 公里，共有人口 6 317 人，且呈不断增长趋势。该项目建设一座三层的公寓，旨在为精神病患、残障人士和贫困居民提供保障性住房，使入住家庭房租负担不超过家庭总收入的 30%。但住户不拥有住房的产权。

项目在经历多年策划、筹款和政治游说后，于 2003 年 10 月正式运营，较原计划提前了 6 个月，比预算节约了近 50 万美元。

二、项目结构

（一）PPP 类型

项目由非营利组织负责设计、建造、拥有和运营，属 BOO 模式。

[①] Canadian Policy Research Networks Inc. *The Role of Public-Private Partnerships in Funding Social Housing in Canada*. 2008. P20-24.

(二) 主要参与方

政府方：包括卡尔加里市政府、阿尔伯塔省政府和加拿大联邦政府，主要负责项目审批，确保项目符合法律要求；提供启动资金、土地和道路开拓等支持。

社会资本方：由三个非营利组织组成，负责项目的设计、建造和运营；对入住居民的筛选和教育。这三个非营利组织分别为：(1) 卡尔加里住房建设者基金会，主要负责该项目设计和建造。(2) 房屋水平线协会，为社区成员问题相关公共咨询会议提供帮助。(3) 卡尔加里无家可归基金会，负责推动增强社区能力，提高筹资技巧，游说当地政府来提供授权许可，确保满足法律要求。

(三) 采购过程

项目在采购过程中，充分发挥了非营利组织的专业技能：(1) 卡尔加里住房建设者基金会：该基金会创建于1986年，目的是回馈其所在社区。作为住房建设产业中的慈善力量，基金会在项目设计和建设方面发挥了重要作用，负责订购零件、联系原材料供应商、签订特别交易契约、控制项目建设效率和成本。(2) 房屋水平线协会：该协会成立于1976年，是一个致力于为精神病患者和其他特殊人群提供安全和可负担住房的非营利组织。该项目中房屋水平线协会为社区成员问题的相关公共咨询会议提供了重要帮助；在提供成员名单、教育成员和其他信息方面发挥了重要作用；同时作为房产管理专家，其在资产购置和管理方面也承担了主要责任。

三、财务信息

该项目成本约450万美元，资金来源非常广泛，主要来自政府和慈善组织，包括：加拿大联邦人力资源和发展部100万美元；卡尔加里市政府（提供场地）93.5万美元；卡尔加里房屋建设者基金会71.7万美元；卡尔加里房屋建设者基金会实物捐助17.4万美元；卡尔加里不同信仰房屋组织 50 万美元；卡尔加里无家可归基金会 76.3 万美元；加拿大太平洋慈善基金会 15 万美元；阿尔伯塔省社区设施改善项目 12.5 万美元；阿尔伯塔房地产基金会 10 万美元；房屋水平线协会 10 万美元；加拿大油砂公司 5 万美元；Nexen 2.5 万美元；帝国石油慈善基金会 2 万美元。

四、项目结果

在各非营利组织的密切配合下，项目提前完工，并节省了大量建设资金。项目在设计阶段，就通过非营利组织对未来入住群体的收入情况进行了充分了解，因此，项目最终得以无负债运营（充分考虑这些人群的支付能力后再设计的房屋大小和房租水平）。因为项目由非营利组织负责设计和运营，故没有考虑商业吸引力，而是致力于降低建设和运营成本，使项目租金收入完全能满足日常运营和其他建设开支，且预计未来也不需要政府资助。

Bob Ward 住宅项目作为一座无债建筑开始运营，而且满足了那些在本地区有精神疾病、身体伤残人士和低收入人群的住房需要。租金每月在 270~330 美元之间，在房租上租户花费均低于其收入的 30%。

第二节 教 育

案例 22 澳大利亚新南威尔士州学校建设项目[1]

【案例特点】澳大利亚利用 PPP 模式建设学校，该项目社会资本方负责规划、设计和建造以及 30 年的特许维护，更多地参与了 PPP 项目前期工作，有利于加快项目进度及控制全生命周期成本。PPP 模式节省了政府开支，提升了服务质量。

---

[1] IPA. Infrastructure Partnerships Australia. http://www.infrastructure.org.au/.

一、项目概述

该项目位于澳大利亚新南威尔士州的西悉尼、伊拉瓦拉和亨特地区，是该州首个社会基础设施 PPP 项目。项目用时 25 个月完成了 6 所小学和 1 所特教学校的设计、获得规划许可、建造和交付，比传统政府提供方式提前了 12 个月。PPP 模式不仅保证了学校的交付时间，而且学校也在设计上达到了教育培训厅（Department of Education & Training）设置的严格的绩效标准，并考虑了 30 年的全寿命成本。学校从建设到管理无缝衔接，便于后期顺利运营，此外还制定了严密的故障处理程序，确保学校有效地提供相关服务。对于教育培训厅和包括 Hansen Yuncken 在内的承包联合体来说，在该项目下完工的 7 所学校，已经成为新学校建设的"样板"。

二、项目内容

（一）主要参与方

政府方：教育培训厅。

社会资本方：

- 荷银金融机构（ABN AMRO Financiers）；
- Hansen Yuncken 负责设计与施工；
- Spotless 负责设施管理；
- Perumal Pedavoli 担任建筑师。

（二）关键时间点

邀请意向书：2001 年 10 月

提交意向书：2001 年 11 月

投标者短名单：2002 年 05 月

最佳和最终报价的提交：2002 年 09 月

选定社会资本方联合体：2002 年 11 月

合同生效：2002 年 12 月

开始建设：2003 年 02 月

完成建设：2005 年 01 月

(三) 项目范围

该项目的特许经营期为 30 年。设计和建造承包商承担包括项目申请和批复在内的所有规划风险。教育培训厅负责尽快获得设计方案和开发申请的批复，以确保项目有 9 个月的建设期和 1 个月的试运行时间。所有的学校用地和新开发的住宅区都位于"绿地"区域，不涉及拆迁。Hansen Yuncken 承担规划、设计和建造相应的基础设施。

Hansen Yuncken 通过为项目各个阶段制定详细的协商和管理方法来确保项目实现预期产出。该项目将更多的风险转移给社会资本方，同时在设计和建造过程中也给社会资本方以更大的控制权，允许其在建设和采购技术方面进行适当的创新，从而成为一个成功取代传统建造模式的 PPP 案例。

根据合同约定，Hansen Yuncken 承担以下风险：

- 获得开发许可；
- 所处位置和地面条件满足项目要求；
- 设计与要求相一致；
- 确保项目在规定时间内交付；
- 在 48 小时之内完成故障修理。

为了控制风险，Hansen Yuncken 制定了一个"项目最佳"方法以及一套快速的设计和建造方法，以确保能满足教育培训厅的要求。

另外，承包联合体还交付 7 所毗邻学校用地的托儿中心。

学校硬件设施管理要求有一个 10 年的归还条款（hand back provision）。软件设施管理服务涉及清洗、保洁、地面维护。

融资方面，该项目采用了 CPI 指数化的基础设施债券工具。

三、项目成效

该项目最大的收益是使 7 所新小学提前 2~3 年完工，同时为政府节省 5%~7% 的开支，并签署了符合绩效标准的维护合同以更新资产。在与融资方和设施管理方的无缝衔接中,通过将风险和控制权有效绑定,学校在一定程度上为社区赢得了时间,提供了升值空间。该项目证明了可以有效利用PPP模式交付社会基础设施,成为了其他社会基础设施建设项目的标杆。

案例23 澳大利亚北领地帕默斯顿市学校建设项目[①]

【案例特点】该案例介绍了澳大利亚北领地教育领域规模最大的PPP项目。项目因势利导采用设计—建造(DB)运作方式,由政府提出规划目标和出资,经严格招标选定的社会资本方负责设计和建造,不涉及特许经营。

一、项目概述

(一) 项目背景

澳大利亚帕默斯顿市是北领地地区第二大城市,同时也是澳大利亚发展最快的城市。帕默斯顿市人口约25 000人,平均年龄28岁,15岁以下的人口约占30%。由于人口的不断增加且为了支持社区未来的可持续发展,帕默斯顿市需要修建学校以满足不同年龄段孩子的上学需求。

(二) 项目范围

该项目在帕默斯顿市建设包括16个建筑物的新学校。项目包括学前班、小学和中学,其中,小学可容纳600名学生,中学可容纳850名学生。小学和中学共享体育场、艺术展览馆、室内体育馆等一些设施。室内体育馆还可被作为飓风来临时的避难所和可容纳50个孩子的托儿中心。该项目是北领地地区最大的教育项目。

---

① Australian Government. *Infrastructure Planning and Delivery: Best Practice Case Studies Volume 2*. 2012. P62-68.

（三）项目目标

项目符合澳大利亚联邦基础设施机构的以下优先战略：

- SP-5 发展城市/区域；
- SP-6 减少温室气体排放；
- SP-7 改善社会公平提高生活质量。

项目的目标主要包括：

- 综合贯彻创新、推动教育无缝衔接、提供健康服务等当前教育政策；
- 通过面向未来、灵活和以学生为导向的设计实现公共资产价值的最大化；
- 支持和推动社会和文化的可持续性，打造一个清洁、绿色的城市（环境可持续性）和一个文化多元、充满活力的经济体。

在交通方面，项目的目标有：

- 确保各种交通方式都安全有效；
- 与周围土地的使用更好地融合；
- 不对周围土地的使用产生不良影响；
- 不影响周边的交通网络及其使用者。

此外，项目的设计还要确保长期的安全性、灵活性、可持续性，同时要持续地为学生提供良好的室内外学习环境。

建筑的设计特点是为学生提供适宜的学习环境，保证北领地小学基础设施满足21世纪的教学需求。中学项目运用同样的理念进行设计。这是一种创新、灵活、多功能的学习空间，允许整合多项新技术。学校采用了无线电脑系统和贯穿于整个教学空间的交互式面板等多种前沿信息技术。

（四）商业方案

项目总投资约6 000万澳元，由北领地政府出资，其中的300万澳元来自澳大利亚联邦政府。北领地基础设施和建设厅（工程处）代表教育培训厅负责项目在北领地地区的具体实施。

该项目是帕默斯顿城市地区发展计划的一部分。帕默斯顿城市发展计划是一项符合澳大利亚基础设施战略重点的区域发展计划，澳大利亚基础设施战略重点包括了区域发展、改善社会公平与生活质量以及减少温室气体的排放等。

从2003年实施帕默斯顿地区新学校建设计划开始，政府为项目留出了大量土地以供未来的教育和周边社区使用。有很多地方需要建设新学校以满足人口不断增长的需要。预计到2021年，帕默斯顿的城市人口将达到4万人。

教育计划是未来新社区及学校建设的依据。该计划指出，现有教学能力不能满足不断增长的教育需求，需要建造新的学校。年轻人和社区当前以及未来对教育的需求是建造新学校的驱动力，这体现在2008年的一份支持帕默斯顿社区计划的利益相关方的咨询报告中，该报告确保了社区对学校的需求得到理解并反映在交流计划中。

对交通的影响是要重要的考虑因素之一，学校附近交通压力激增将对周边社区产生很大影响。政府在学校项目建设和交付后进行了延伸的交通评估工作，以确定对交通规划的要求。通过交通评估选择安全有效的交通模式，并对周围的交通网络进行整合，以避免对周边地区产生不良影响。

考虑到当地条件、时间限制和风险控制等因素，基础设施和建设厅决定通过设计—建造（DB）方式完成学校建设。项目已按照预算拨付资金，并在2011学年开学前交付使用。

二、过程分析

（一）采购

在设计—建造模式下，社会资本方负责设计开发管理、文件准备和设施建设。

选择一个拥有丰富经验的当地工程承包商，有利于了解当地的资源和北领地地区特有的季节性限制因素。经过严格的招标程序，总部位于达尔文市的工程承包商——Halikos集团中标，该集团以设计新颖、恪守工期闻名。

(二) 治理结构

项目的治理结构包括项目控制组、项目开发组和项目工作组。

项目控制组的人员来自北领地教育培训厅、基础设施和建设厅以及校方的负责人，以及2名来自帕默斯顿议会的成员，以确保在整个项目的进程中充分考虑当地居民的利益，并提供对项目的指导和意见，以引导项目向最有利于学校运行的方向发展。

项目开发组负责整个项目的监督、规划。项目开发组成员来自教育培训厅、基础设施和建设厅、教育工作者、学校建筑设计师，以及2名来自帕默斯顿市议会的成员。这可使多功能设计理念在项目开发组的指导下得到贯彻，从而提高学校的整体满意度。

基础设施和建设厅为项目委派了一名管理人员和在教学楼建设方面有经验的项目工作组，以降低项目风险。项目工作组负责向项目控制组报告工作情况。项目工作组的知识水平在项目中得到最大程度的发挥。

社区成员以及来自于政府内部的利益相关方对项目的顺利完工发挥了积极作用。

(三) 风险管理

在项目交付过程中，制定和实施了一套有效的风险管理方案。设计时的主要风险来自管理交通路线和预测模型的冲突。交通路线设计中，必须考虑一旦学校开放，将有16辆巴士穿梭在学校周围，而且接送孩子的汽车也会增加。交通管理通过学校安全道路方案得以解决，该方案中包括了修建小路、环形路等措施来保证学生安全到达学校。

在当地的红树林地区发现有对建筑工人和学校孩子的身体健康造成很大威胁的昆虫——蠓。经过调查，确定了校园最佳建设位置，并由卫生厅和社区服务中心制作蠓信息表、日历和学习手册，纳入学校管理计划以防止蠓的危害。

工人安全是项目的一个重要考虑因素，尤其是对于分包商工人，这些工人的工作量约占总工作量的50%。因此，对工人经常进行安全培训非常重要。学校建设期间，未发生耽误工时的工伤事件。

（四）交付

由于当地条件有限，澳大利亚北领地的承包商们的存货数量有限，从其他省份购货的成本很高，且要耗费大约六周时间，因此项目在设计阶段需要充分考虑当地的特殊状况，为学校项目选择合适的建材。如果在建材选择和订购中出现错误（如数量、交付方式），将难以弥补。一旦出现短缺，从其他承包商处调运储备，将造成工程延误。

Halikos集团已经在北领地地区成功交付了一些其他的学校建设工程，因此其对工程需求，比如质量、资源、材料的选择和使用等有清晰的了解，另外其有在不同季节（比如旱季或雨季）施工的丰富经验。这明显降低了项目的延误风险，提高了项目进程的确定性。Halikos集团任命了一个经验丰富的设计管理者，以确保项目能接受创新的设计理念。基础设施和建设厅认为这些做法对项目的成功发挥了重要的促进作用。

三、项目产出和成果

（一）项目产出

项目提供了现代化的教学设施以及适当、灵活、开放的学习环境，同时还引入最新教学技术并十分注重"能源智能化"原则。项目通过最大限度地利用自然光，促进不同建筑之间的空气流动，安装具有声控作用的照明开关，安装空调系统与建筑控制系统相连等方式节约运营成本。

项目成本控制在了预算内，并提前完工（项目于2010年底前完成，早于2011年1月新学期开始）。这是一个重大的成功，因为该项目是澳大利亚北领地有史以来最大的教育项目。项目的管理时间除保证在新学期前交付学校，还需应对可能提前或延后的旱季或雨季等气候状况。这需要有较强的灵活性并进行详细的规划，以处理潜在的、可能对工期产生影响的情况。

利益相关方通过项目开发组和项目控制组积极参与项目管理来更好地倾听社区民众的声音。2011年1月开学时，项目收到了积极反响。

项目使帕默斯顿地区的现代化教学设施得到进一步发展，同时，通过扩充课程设置促进了中学教育的发展。

2011年，该项目被澳大利亚项目管理院评为澳大利亚北领地年度最佳建筑项目。

(二) 项目成果

项目已经取得了一些关键成果，具体包括：
- 一个强大而健康的帕默斯顿社区；
- 提高了教育程度和参与度；
- 一个更安全、更令人满意的社区；
- 社区健康服务和设施更易获得和使用；
- 提供人口增长所需的基础设施。

社区从学校得到的利益包括：
- 学校的椭圆形场馆可供体育俱乐部和其他人使用；
- 体育馆和艺术表演设施可供社区使用；
- 体育馆可用作飓风来临时的临时避难所。

四、关键结论

对项目进行详实的可行性研究，以当地情况为背景进行风险评估，以及让不同的利益相关方参与项目等措施，被证明是十分有效的。越是周密的规划越可能使项目成功。

项目经理人和项目工作组在类似项目中的成功经验对该项目产生积极影响，这也是项目的持续管理和保证项目成功的一个关键因素。

政府应选择一个最适合项目、客户和工作组并有效管理项目风险的采购方法。

需要利益相关方和社区积极参与到项目的开发中，并在项目建设过程中持续征求其意见，从而确保其接受项目交付和后期运营。

第三节 文 化

案例 24　澳大利亚维多利亚州墨尔本会议中心项目[①]

【案例特点】本案例着重围绕该 PPP 项目如何开发和交付给政府机构（会议中心主营业务将由政府下属机构负责）进行介绍。主要特点是项目不同阶段组织结构的创新性和灵活性，以充分利用多个政府部门和社会资本方的职能、专长和知识，以及公共财政承诺的"可行性缺口补助"和在运营期内对社会资本方负责的特许维护服务的付费。

一、项目概述

2004 年 4 月，维多利亚州政府决定在亚拉河畔建立一个与现有墨尔本展览中心毗连且整合的世界级会议中心，包括建设一个共有 5 541 个座位的大礼堂，以及 32 间不同规格的会议室和一个盛大的宴会厅，其中大礼堂还可分为 3 个独立剧院。此外，还将建设希尔顿酒店、办公区、住宅区和零售区等。

2009 年 7 月，会议中心建成并启用，与展览中心一起成为连接亚拉河畔码头和墨尔本的重要纽带，为维多利亚居民和游客提供了舒适的公共场所。会议中心获得了六星级绿色之星环保评级，成为世界上首个获得该环保评级的会议中心。

该项目的主要目标是利用不断增加的会议和出席代表所带来的直接和间接效益，激发维多利亚的经济活力。会议中心的设计对于展会主办方、参展商和参观者来说，既拓展了现有墨尔本展览中心，又没有丧失展览功能。该项目能为墨尔本提供更多的商业机会并增加会议召开次数，同时还

[①] Australian Government. *Infrastructure Planning and Delivery: Best Practice Case Studies Volume 2*. 2012. P76-84.

可带动地区经济发展。该项目通过建造世界级的设施和减少温室气体的排放，为澳大利亚带来了竞争优势。

二、过程分析

（一）商业方案

项目的商业方案利用了丰富的风险识别实践经验，并采用维多利亚财政厅的 PPP 项目模式进行开发。选择 PPP 模式是基于其优化综合服务的能力和物有所值。

2002 年，维多利亚重大项目厅组织进行了会议中心的可行性研究，详细分析了该项目的商业方案。这项可行性研究包括了很多战略性的考虑：

- 深入识别小型会议、旅游、大型会议和展览市场的不同经济价值；
- 开发新功能并参与地区性（澳洲和亚太地区）MICE 市场的竞争；
- 现有墨尔本展览中心的最大会议厅仅能容纳 1500 人。

这项可行性研究被报至财政厅的项目网关评审程序（Gateway Review Process）的"网关 2"商业方案（Gateway 2—business case）进行评审。商业方案及评审建议于 2003 年提交给政府。项目于 2006 年 5 月开工。维多利亚审计署于 2007 年 11 月发布的《墨尔本会议中心开发项目审计报告》指出，该商业方案全面，有理有据，且根据项目的范围和经济意义清楚地分析了面临的问题和挑战。

该商业方案和采购战略分析的关键是对三种交付方式的比选。这三种交付方式包括：

- 第一，由维多利亚州政府出资和交付；
- 第二，由社会资本方负责设计、建造、运营和维护；
- 第三，由社会资本方进行设计、建造和维护，并由政府下属单位——墨尔本会展信托公司负责经营（即会展活动）管理。

后两个是 PPP 方案。其中，第三个方案被认为更有利于维多利亚州经济效益提升、未来会展活动优先安排需要、政府整体运行结果的灵活性等。因此项目采用了第三个方案。

(二) 主要参与方

政府方：负责维多利亚重大基础设施交付的重大项目厅将项目委托给创新、产业和区域发展厅。旧会议中心的运营者（墨尔本会展信托公司）参与其中，为项目的开发、设计、建造和调整提供了很多建议。基于维多利亚州经济效益提升、会展活动优先安排的需要、政府整体运行结果的灵活性等更广泛的利益考虑，该信托公司被任命为会议中心的运营方。

社会资本方：政府方授予 The Plenary Group Consortium（Plenary）开发的资格和权利，负责完成项目的交付。该合资公司包括：

- Plenary Group（合资公司牵头人，股东以及项目管理者）；
- Deutsche Bank（财务担保人）；
- Multiplex Constructions（建设方）；
- Brookfield Multiplex Services（25年特许维护期内的维护服务提供方）；
- NH Architecture/Woods Bagot/Larry Oltmanns（建筑和城市设计）。

Plenary 公司作为项目的特许经营方，按照维多利亚重大项目厅及创新、产业和区域发展厅制定的要求进行设计，并控制和管理项目。合同规定该公司有义务确保设施满足相关的性能和功能要求，以获得维多利亚政府支付的服务费。

为了开发附近的商业区，Plenary 和 AUSTEXX 进行合作，与希尔顿国际公司一起负责酒店的运营。

(三) 治理结构

维多利亚州政府为项目的设计和建造阶段制定了一个治理结构，并可以在其中的关键环节进行调整。在交付阶段，政府又制定了一个特定的治理结构，其中包括项目指导委员会、项目控制组以及项目开发团队，各司其职。指导委员会包括：

- 主席由创新、产业和区域发展厅厅长担任；

- 董事，由创新、产业和区域发展厅辖区发展司委派；
- 执行董事，由重大项目厅委派；
- 墨尔本会议中心开发项目董事，由重大项目厅委派；
- 首席部长和内阁厅、财政厅、旅游厅和信托公司提名的代表。

随着时间推移，委派代表有所变化，但一直保证有上级部门委派代表。

旅游厅厅长被任命为该项目的委托人（在设计和建造阶段经由创新、产业和区域发展厅行事）。重大项目厅厅长负责项目交付。政府对整个设计和建造阶段涉及的相关人员以及责任都进行了界定，并在项目文件中列明。

维多利亚州政府与社会资本方签订的协议规定了项目特定治理结构的制定与实施，其中包括要求对项目产出进行定期报告。通过合同约定，维多利亚州政府确保了项目治理结构的规范性，并指明了代表不同机构的项目组成员数量。同时，这也不妨碍随着项目进展而调整治理结构。

维多利亚州政府在会议中心开始运营之前就任命创新、产业和区域发展厅作为合同的行政管理者。许多操作性的合同管理事务则委派给了信托公司。创新、产业和区域发展厅和信托公司分别指定了管理团队。这也体现了项目团队自始至终由不同机构整合而成的特点。

信托公司自始至终参与整个项目，形成了连续性，也有助于对项目产出进行规划。在整个设计和建造阶段，信托公司与维多利亚重大项目厅紧密合作，以确保项目能够满足最终的使用要求。而在运营阶段，项目治理结构被调整为重点确保社会资本方持续做好设施管理维护工作。

（四）政策要求

项目采用PPP模式符合维多利亚州政府采购委员会和"维多利亚合作伙伴关系"政策与指导框架的要求。在决定采用PPP模式之前，项目利用物有所值评估（政府部门比较值法）分析了投标者为该项目所付出的成本是否能够为维多利亚政府提供价值。关键采购阶段必须遵循诚信原则，谈判和风险分担也要符合"维多利亚合作伙伴关系"政策和指导框架。

墨尔本会议中心项目按"维多利亚合作伙伴关系"政策以及"澳大利亚标准风险管理 AS4360：2004"等相关规定进行风险管理，并详细考虑了在编制招标文件和招标及合同谈判过程中存在的风险。项目指导委员会在这些过程中进行适当监督。风险矩阵作为广泛风险识别实践的产物（广泛风险识别实践是初始商业方案的一部分），被指导委员会用来识别风险。

维多利亚政府与 Plenary 就项目建设成本以及 25 年期间的设施管理维护、辅助服务费用的支付签订协议。其中，政府为项目建设提供了约 3.7 亿澳元。项目协议约定大部分风险由 Plenary 承担。在建设期间，清理现场不明污染物的费用由维多利亚政府和 Plenary 共同承担（根据协议所确定的风险分配）。

在运营阶段，合同规定如果交付的服务低于规定的标准，需进行费用扣除。这为提高交付效率提供了一种额外的激励机制。

（五）设计调整

会议中心周边地区的开发利用以及项目开发对土地规划的影响是重点考虑的问题之一。在土地征用方面，存在巩固土地所有权和如何向 Plenary Consortium 提供商业开发用地等问题。

为了避免在附近海域及商业利益方面发生冲突，National Trust 和 Heritage Victoria 负责监管位于杜克码头的一艘 19 世纪的帆船——波利伍德赛德帆船，并对作为餐馆的货物棚进行了整修。这些工作都纳入了项目规划和筹备阶段。

项目采用 PPP 模式，以促进社会资本的参与。整个项目的计划都要保证一定的灵活性，以促进对于提升资产价值的创新。因此，在特许经营方正式动工前，合作双方调整了项目范围，以确保墨尔本会议中心的长期运营。这种调整包括两项重要措施：第一项措施是招标前对项目范围的调整，将拟建建筑的环保标准从三星设计等级提高到了五星绿色之星设计等级；第二项措施是由 Plenary Consortium 提出的对墨尔本会议中心附近地区进行扩展性商业开发。

扩展性商业开发包括建设一座办公楼、零售和食品专用区，以及一个五星级酒店。这超出了商业方案中构想的商业开发预期水平。这一举措通过产生更大范围的经济乘数效应显著增加了该项目的效益。重新界定的项目范围确保了资金的增加，并推动了作为会议中心补充的周边开发。

（六）沟通策略

利益相关方沟通策略是项目规划的重要部分，信托公司紧密参与了沟通策略的制定。考虑到项目的价值，沟通策略是项目的基础工作，同时也是项目为墨尔本南岸的开发所做出的贡献。涉及的主要行业和其他利益相关方都参与了商业方案的制定，并定期咨询项目开发和交付各环节的进展情况。

沟通主要通过媒体、利益相关方简讯、开发区域内的标牌、在现有展览设施中张贴大型简报，以及设立项目网站等方式实现。

沟通策略的设计和实施由项目指导委员会进行监督，由维多利亚州政府、信托公司和社会资本方 Plenary consortium 实施。信托公司的加入带来的最大好处是使沟通工作具有连续性。

三、项目成果

会议中心按时按预算完成建设，并于 2009 年 7 月 1 日（全球金融危机期间）正式运营。

项目的成功使得信托公司顺利开展了运营业务。2010—2011 财年，新墨尔本会展中心（包括新会议中心和现有展览中心）完成了第二年的运营，举办的会议次数从上一年度的 700 次上升到了 900 多次，其中有 17 次国际性会议（超过 18 000 名代表参加）和 70 多次国家级会议（超过 40 000 多名代表参加）。在过去的 12 个月里，有 21.5 万人参观了会展中心。

会展中心项目已经获得了六个奖项：
- 2010 年维多利亚建筑奖章；
- 2010 年澳大利亚建设成就奖；
- 2010 年澳大利亚室内设计大奖（可持续发展的环保设计）；

- 2010 年澳大利亚室内设计大奖（州际最佳商业设计）；
- 2010 年城市发展研究协会澳大利亚国家环境优秀奖；
- 2009 年城市发展研究协会澳大利亚环境优秀奖。

四、经验教训

该项目获得成功的经验主要有：

- 从各个方面来看，自始至终充分利用运营的利益相关方（墨尔本会展信托公司）的知识能获得更好的成果，并能提高所交付的基础设施的可用性；
- 如果项目架构允许在创新方面具有灵活性，那么这应当作为从项目或交付的基础设施中取得更好战略成果的方法；
- 公共资金承诺和项目的 PPP 潜力能够吸引社会资本。尽早与社会资本方接触并探讨以 PPP 模式进行采购对于增加创新的机会十分关键；
- 项目团队由不同机构整合而成可能会产生冗员，但对于有多个组织参与的、结构安排良好的项目，这种整合能够为不同机构之间的相互支持带来机会。

第四节 卫 生

案例 25 澳大利亚皇家妇女医院项目[①]

【案例特点】该案例介绍了澳大利亚运用 PPP 模式建设的一家世界级的妇婴医院，利用"设计—建造—融资—维护"模式运作，医院仍是公立运营。重点介绍了外包的维护服务、项目融资方案特点。该项目获得亚太地区两项国际 PPP 奖，被公认为成功 PPP 项目。

---

① IPA. Infrastructure Partnerships Australia. http://www.infrastructure.org.au/.

一、项目概况

皇家妇女医院始于 1856 年，位于澳大利亚维多利亚州墨尔本市。新建的皇家妇女医院于 2008 年开业，离皇家墨尔本医院和皇家儿童医院很近，是一栋地上 9 层的建筑，其地下的 5 层停车场可容纳 995 辆车。该医院可为妇女和新生婴儿提供世界顶级的医疗服务，并使新的帕克维尔医疗区集医疗保健、研究和教育为一体。

该项目旨在解决以下问题：

- 原有基础设施的质量：原有皇家妇女医院长期处于年久失修状态，其使用年限已超过了建筑法规的相关规定，病人治疗和员工工作的环境也较为恶劣；
- 经常性成本的影响：医院原有的建筑已使用了很多年，维护成本高，而且既成建筑结构也导致建筑使用效率难以进一步提高；
- 临床服务的整合：新的皇家妇女医院建在皇家墨尔本医院附近，可有效整合两家医院的临床服务，为患者提供更高水平的医疗服务，还可降低医院的运营成本。

二、项目内容

新皇家妇女医院将依据维多利亚 PPP 中心制定的框架实施，皇家妇女医院、维多利亚州人文服务厅（Department of Human Services）与社会资本方——皇家妇女卫生合作伙伴（RWHP）联合体，共同为维多利亚的妇女提供医疗保健服务。项目公司 RWHP 将承担医院的融资、设计、建造和维护，同时医院仍然保持公立运营。

（1）关键时间点

提交意向书：2003 年 11 月

提交征求建议书：2004 年 8 月

提交修正回应：2004 年 11 月

选择优先谈判对象：2005 年 2 月

项目土地拆迁：2005年4月

完成融资：2005年6月

新医院开业：2008年中

（2）主要参与方

- 政府方：维多利亚州人文服务厅
- 项目公司：皇家妇女卫生合作伙伴（RWHP）
- 公立运营方：皇家妇女医院
- 融资方：澳新银行投资银行部、麦格理银行
- RWHP的法律顾问方：万盛国际律师事务所
- 独立评审方：澳大利亚曼塞尔Rider Hunt公司
- 设计和建造方：Baulderstone Hornibrook公司（由伍哈德国际、瑞斯巴库特纳集团、波纳西集团等支持）
- 服务供应方：联合服务集团（由ISS服务公司和Deanmac保安公司支持）
- 停车场服务方：威尔逊停车场

（三）服务内容

联合服务集团作为服务提供商，将在25年内负责医院的维护，具体提供下列服务：

- 病房保洁、餐饮服务，包括患者转移、餐饮点送、废物管理、建筑内外部的清扫等；
- 地面养护服务，包括盆栽植物、园林养护，以及基础地面养护；
- 安保服务，包括电子监控和保安员医院内部和外部的巡逻，以及道路指引和失物招领。医院出入由电子门禁控制，同时利用电子设备将母亲与婴儿"联接"，当母婴未经授权分离时电子设备会自动向保安人员报警。

医院的维护服务由管理日常呼叫服务和小型维修工作的团队负责。大部分机械、电气、消防和液压维修由联合服务集团负责。

日用纺织品和餐饮由皇家墨尔本医院提供，不属于合同约定的联合服务集团的职责范围。

联合服务集团需确保在25年期限结束时，医院内的设施仍然状况良好，在不需要任何大型维修或翻新工程的情况下至少还可以继续使用5年。

（四）服务设备和系统

医院设有一个总服务台，负责处理来自病房和管理区的转移病人、清洁、铺床等各种服务要求，所有这些都连接到资产管理系统，同时被记录，作为维护的关键绩效指标。

医院设有建筑管理系统控制关键设备，如血库的储存温度、必备电源、温度和湿度，并记录整个医院各个区域的室内环境。每个区域的环境可以根据其需求而变化。

医院设有烟雾探测和自动喷水灭火系统，报警系统与消防队直接相连。

医院内的所有资产都记录在资产登记电子系统内，便于跟踪其位置和报告故障。资产登记系统还生成周期性的维护计划、服务工单和生命周期更换提示。

医院还建立了月度报告制度，对所有故障、呼叫服务、关键绩效指标等信息进行记录和报告，以加强医院管理，减少类似情况再次发生。另外，报告中还包括了能源的使用水平和改进情况。

三、财务信息

该项目的债务融资为2.93亿美元的债券（穆迪评级为Aa2），其中包括1.45亿美元的28年期指数化年金债券（Indexed Annuity Bonds，IABs）和1.48亿美元的12年期名义利率子弹债券。

融资方案主要特点体现在：

- 在建设期间利用信用证隔离债券持有人的风险；
- 发债所得最初通过受担保的投资合同（Guaranteed Investment Contracts，GIC）进行投资，以保证在整个建设期间逐渐获得资金；
- 在建设期间GIC中的投资收益将部分用于支付IAB的利息，从而将 GIC 的一部分和通胀挂钩以对冲通胀的风险；

- 由于名义债券只需支付利息而债券的本金部分只有再融资时才需支付，利用掉期以保障名义债券再融资时冻结的本金部分的价值不变；
- 利用远期利率掉期交易对冲名义债券再融资时的利率风险；
- 保护债券投资人的措施包括：锁定股权投资人分红，与州政府建立可靠的终止机制，制定包括债券加息在内的详细的名义债券再融资机制。

四、项目成果

新皇家妇女医院被评为杰出的成功 PPP 项目，赢得了两个奖项，在《亚洲货币》杂志的评奖中获得 2005 年度最佳项目融资奖，在国际融资项目评选中获得亚太地区最佳 PPP 项目奖。

作为世界一流的现代医院，新皇家妇女医院营造了一个温馨、舒适的氛围，为患者和访客提供了良好的设施，尊重患者的隐私、宗教和文化差异，配备了世界先进的科技和研究设备，并为员工提供了良好的工作环境。

案例 26 南非艾伯特·卢图利酋长中央医院项目[①]

【案例特点】本案例是根据南非财政部规定开展的第一个 PPP 医院项目，采用了物有所值评估和招标采购，由政府付费，并设置了惩罚性扣减等机制。案例分析了社会资本方在对医院设备和信息技术进行升级管理中发挥的作用，较为详细地介绍了采购过程。

一、项目概述

艾伯特·卢图利酋长中央医院位于德班市梅伟尔，是一所中央三级护

---

① World Bank & PPIAF. *How to Engage with the Private Sector in Public-Private Partnerships in Emerging Markets*. 2011. P126–131.

理医院，由社会资本方 Impilo 联合体为这家医院提供所有非临床服务，该联合体与夸祖鲁—纳塔尔省卫生厅签订了一份为期 15 年的 PPP 协议。回顾过去七年的经营情况，利益相关方普遍认为 PPP 模式帮助实现了政府自身无法达到的服务水平。

该医院为南非夸祖鲁—纳塔尔省的所有民众以及东开普省一半人口提供了高度专业化医疗服务，现已完全实现了信息化和无纸化办公，从磁共振成像仪到各种手术仪器全部采用了最先进的医疗设备。该项目不但是南非第一个采用 PPP 模式提供所有非临床服务的医院，也是根据南非财政部 16 号文件实施的第一个 PPP 项目。

经过对国际 PPP 经验的初步调研，夸祖鲁—纳塔尔卫生厅于 2000 年任命了项目交易顾问，正式开展可行性研究和项目方案分析。研究分析的结论表明，采用 PPP 模式，由社会资本方提供所有非临床服务可以实现物有所值和显著的风险转移。

经过详细的资格审查和征求建议书评估等招投标程序，Impilo 联合体中标，并于 2001 年 12 月签署合同文件，定于 2002 年 2 月完成融资。艾伯特. 卢图利酋长中央医院在资格预审后一年就签署了合同，相对于本项目的复杂程度，用时相对较短。这在一定程度上得益于各参与方投入了大量时间和资源进行协商和沟通谈判，并积极解决出现的问题。

项目由政府以年度单一付费[①]、按每月分期的方式支付给社会资本方，并与消费者物价指数相关联，2001 年为 3.049 亿兰特。医院的服务水平定位最先进级别，例如，每 5 年对医疗设备进行一次更新，每 3 年对信息和管理技术进行升级。

该项目下社会资本方的角色和职责如下：西门子医疗系统负责提供自动化医疗设备和服务；德雷克和斯卡尔公司负责设备的管理、洗衣房和餐饮服务；奥地利 AME 国际控股公司负责信息技术支持。上述各方组成的联合体将在未来 15 年内为这家医院提供设备和服务，到期时如果合同没

[①] 编者注："单一付费"英文为"unitary payment"，该概念最早起源于英国，指涵盖包括设计、建筑、融资、运营、维护以及修复在内的所有支出，不将它们分开支付。单一付费最重要的本质是不可分割，否则就会加大会计对于不同部分支付和操作任意性的风险。

有更新，设备将移交给夸祖鲁—纳塔尔卫生厅。

二、采购过程

2000年11月，采购主管部门——夸祖鲁—纳塔尔卫生厅发布了初步资格审查申请。在发布资格审查申请之前有很长的准备期，以进行市场测试、起草PPP合同草案、起草项目产出说明、确定支付机制等工作。夸祖鲁—纳塔尔卫生厅和交易顾问列出了详细的设备清单，制订了医院的信息技术计划，分析了人力资源需求和成本，并对所有设备进行了使用周期的成本核算。据此确定了项目期间内的成本，特别是设备和信息技术初装和更换的资金成本、人力资源成本、消耗品和设备资本及运营成本，并基于这些信息制定了项目的详细产出说明。

资格审查申请文件对采购程序进行了详细的规定：阶段、时间安排、提交格式、项目简介、对预期参与者类型的指南等，并要求投标人提供可核实的信息，用于评估投标人交付服务需求的资质和能力。

到2000年12月，共23家国内外公司做出响应，最终选择了4个入围的投标人。每个入围的投标人都需要提交一份与重新启动招标程序（从资格审查申请阶段开始）成本相当的投标保证金，以保证参与投标的严肃性。

经南非财政部批准，2001年1月，征求建议书送至入围的投标人。此前举行了投标人会议，并与入围投标人进行"一对一"会谈。在此阶段，投标人提出了一些意见，并通过招标公告的方式纳入文件记录。这些文件包含详细的项目背景信息、政府主管部门对拟采购服务的需求、项目资产、采购程序、时间表、投标人需求、投标人担保、不符合资格的范围、备选标书的需求、第三方的安排，以及公共设施可用性相关风险分担等。征求建议书还包含PPP格式协议、拟定的支付机制、明确根据相关指数采取单一付费价格方案和惩罚性扣减机制。提交标书之前的"一对一"会谈使得投标人可以申请澄清征求建议书文件，并询问一些机密问题。投标人需要就服务水平协议作出详细的回应，并提供详细的财务模式，以供政府主管部门审查标书和进行财务的稳健性测试。在投标过程中，投标联合体经政府主管部门许可，可对成员做出变更，前提是新成员符合资格审查申请评价标准，允许提交独立于主标书的备选标书。

投标人有 9 周时间用来准备标书。尽管时间较短，投标人无法对医院现有设备进行全面尽职调查，但没有引起大的问题。

对每个标书的评估分为四大类：技术、法律、财务和黑人经济振兴政策。每大类的权重为：（1）技术评估（70%），其中设施管理（20%）、信息技术管理（25%）、装备（25%）；（2）法律评估（10%）；（3）财务和价格评估（10%）；（4）黑人经济振兴政策（10%）。值得注意的是，价格在评估中仅占 10% 的权重。

每一大类又被细分为众多子类，例如，安全计划书的质量、与现有服务的融合水平，以及在社会资本方违约时需要支付的债务比率。此外，还有一个针对标书实现物有所值的整体评估。

在系统分析之前，首先检查标书的完整性和合规性。在评标过程中，投标人可以对提交的标书进行澄清，但不允许改动。独立的技术评标组将分析服务的交付、法律、财务、价格、黑人经济振兴政策及投标人对项目需求的理解。评标结果包括权重得分平衡表和备注。技术评标组将评标报告和评分表转给评标协调委员会。评标协调委员会负责监督技术评标组的工作，并评估项目整体解决方案。技术评标组同时就过程及结果为评标协调委员会准备唯一的推荐方案。评标协调委员会将根据技术评标组提交的评分表选择优先谈判对象和备选对象。

评标协调委员会的专家来自政府采购主管部门、国家 PPP 中心、英国国民健康服务中心和"英国合作伙伴"（Partnerships UK）。

随后与优先谈判对象进行最后的谈判，完善项目和资金的最终协议，于 2001 年 12 月签订 PPP 协议，并于 2002 年 2 月完成融资。

整个过程中，由来自普华永道会计师事务所、伟凯律师事务所、Gobodo 注册会计师事务所、一家设在英国的医院项目咨询公司（Hiltron）以及一家工程公司（Saicog）的顾问为夸祖鲁—纳塔尔卫生厅提供支持。南非财政部的 PPP 中心与该省卫生厅密切合作。

三、项目成果

艾伯特·卢图利酋长中央医院于 2002 年 3 月开始试运营一年，于 2002 年 6 月 28 日收治第一名病人。从那时起，各利益相关方对 PPP 交付服务均持有极为乐观的态度。他们坚信仅靠政府无法提供相同规模的服务。社会资本方为医院提供的服务保持很好，惩罚性扣款几乎为零。医院董事会的一名董事，同时也是一名社区代表，承认最初医院需要克服一定的阻力，但是现在患者对医院所提供的服务十分满意，前景非常乐观。他认为，社会资本方与夸祖鲁—纳塔尔卫生厅之间的合作是基于双方的共同信任，伙伴关系非常稳固。而这一共同信任的实现，主要得益于包括社区在内的各方之间的公开交流。

对医院较高的技术要求给项目带来了一些挑战，同时卫生厅未将其他地方的医疗服务全部合理整合到艾伯特·卢图利酋长中央医院，所以医院的入住率并没有达到预期水平。此外，由于政府人员紧缺，医院的试营业也迟于预期计划。

但是，PPP 正在实现既定目标。为保证 PPP 尽可能实现物有所值，最重要的一点是政府要进一步加强项目的整体管理和合同管理。

四、经验教训

项目文件、评估和管理需求都不容轻视，做好这些需求的准备工作至关重要。

确保信誉好的投标人而不是所有投标人参与投标也非常重要，资格预审过程应选出最有能力交付服务的潜在投标人。同时，政府主管部门和顾问需要树立可信的形象。

具有独立评标组、经各方认同的清晰评估程序、监管架构和内外审查机制可以保证评标过程的透明性。同时应当采用定性与定量相结合的方式进行评标，特别是对涉及复杂技术方案的项目。

必须确保服务需求可负担，而且不会因其他相关基础设施缺乏而影响所购服务的有效利用,这一点很重要,而且不仅限于PPP项目。

此外,还积累了如下很多更具体的经验:

(一) 项目启动:聘用顾问

● 借鉴国际专家意见,特别是本国没有专家时;这可能会使程序变得更为复杂,但如果处理得当则会使其发挥重大作用;

● 顾问的评估和选定是一个关键问题,要确保顾问联合体包括了项目涉及的所有学科和领域的专家;

● 确保交易顾问联合体成员,尤其是国际成员,对项目及项目环境尽可能熟悉。

(二) 项目融资及管理

● 创造性考虑交易融资方案;

● 当合同履行一段时间后,要再次调整项目产出说明,因为可行性研究并不一定精确。

(三) 采购

● 确保项目范围及需求定义清晰;

● 设置紧凑但可行的时间节点;

● 确保政府和社会资本方的最高管理者均参与到项目中并做出承诺;

● 设立一个中央PPP中心推动和指导整个过程;

● 项目团队双方都要有决策者,避免不断向上级申请批复。

第四章　政府类 PPP 项目

第一节　司法和执法

案例 27　澳大利亚维多利亚州监狱和看守所项目[①]

> 【案例特点】澳大利亚维多利亚州利用 PPP 模式，通过招标，挑选社会资本方来设计、建造和维护监狱和看守所，维护服务协议期为 25 年。项目运营则由州司法厅所属的惩教中心负责。

一、项目概述

本项目采用 PPP 模式，包括监狱和看守所两个部分，目的是改善囚犯和嫌疑犯的羁押环境，并为其提供司法服务。

（一）Marngoneet 监狱

Marngoneet 监狱是维多利亚州惩教系统为男性囚犯修建的一所拥有 300 张床位的中型监狱，位于墨尔本以西约 60 公里。该监狱包含三个住宿区，分别以暴力犯罪、吸毒和酗酒、性犯罪为惩教重点，并为囚犯提供愤怒管理、教育、职业培训、健康和娱乐等一系列其他服务。

Marngoneet 监狱采用了一系列先进的安全防卫技术，包括生物特征识

[①] IPA. Infrastructure Partnerships Australia. http://www.infrastructure.org.au/.

别设施，覆盖整个中心的跟踪监禁系统、闭路电视以及训练有素的专业看守人员。多重安保设施确保囚犯、工作人员、探监者和社区安全。

Marngoneet 监狱按照校园原理设计，旨在通过打造舒适、没有禁锢感的环境，增强囚犯的归属感，其内部结构最大限度保证犯人的正常生活，提供相对独立的居住空间，并着力提升个人的社会责任感。

另外，Marngoneet 监狱的设计方案中，还采用了一系列环境保护和资源节约措施，包括：

- 用太阳能电池板增加热水供应；
- 从建筑物上收集雨水用于灌溉；
- 安装节水和节能设备。

该监狱内所有建筑物（除警卫室、运营管理中心和附近的一些住宿单元外）均为单层，以最大程度利用自然光。

（二）Metropolitan 看守所

Metropolitan 看守所拥有 600 张新床，为被法庭候审、尚未判刑的男性嫌疑犯建造，位于墨尔本中央商务区以西约 20 公里。主要作用是保证嫌疑犯的安全，人道地对待嫌疑犯的特殊需要，并为在看守所内工作、居住和进行探望的人员创造一个安全的环境。

看守所将未被法院判刑的嫌疑犯与已判刑的囚犯分开管理，以符合联合国的标准。住宿区几乎全部为单人间，设计符合严格的住宿和消防安全标准，并在监狱保证安全的前提下尽可能消除禁锢感。一系列住宿方案包括青年区、易受伤的和有特殊需要的嫌疑犯区、保护区以及一些关押低风险嫌疑犯的四床位区，同时还将提供多项创新功能：

- 为嫌疑犯提供法律教育讲习班；
- 为维多利亚州法律援助和社区法律中心的员工提供专门设施，协助嫌疑犯解决法律问题；
- 提供一系列法律咨询；
- 为所有（包括需要特别保护的）嫌疑犯公平地提供所有服务。

看守所的另一长远目标是尽可能减少监禁对嫌疑犯的负面影响，特别是对于首次被关押的人。在其中的法律中心，嫌疑犯可以向其法定代理人咨询，就案件庭审进行准备，还配有法律图书馆和教室。另外，为法庭事务配备的视频会议设施，也可用于其他用途，如嫌疑犯与家人的联系。嫌疑犯将按规定被护送到法庭上，但一定情况下，也可以用法律中心提供的电话会议设备处理法院事务。这具有以下优点：

- 降低护送成本；
- 减少嫌疑犯的活动以提高安全性；
- 避免嫌疑犯日常活动被中断；
- 减少法庭监房的压力。

嫌疑犯可以穿着自己的衣服，看守所还将为其提供工作机会。根据法律或家庭事由，嫌疑犯还可以要求增加探视机会。

看守所的设计采用了多项现代技术，以最大限度地提高运作效率和安全性。嫌疑犯进入安全室时，由最先进的门禁控制技术和离子扫描仪对其进行毒品和炸药检查，并通过生物识别技术消除错误识别嫌疑犯身份的风险。

（三）关键时间点

意向书：2002 年 6 月

宣布短名单和发布项目简介：2002 年 10 月

提交项目建议书：2003 年 3 月

选择优先谈判对象：2003 年 6 月

签订合同：2003 年 12 月

融资交割：2004 年 1 月

开工建设：2004 年 2 月

Marngoneet 监狱正式启用：2006 年 3 月

Metropolitan 看守所正式启用：2006 年 4 月

二、主要参与方

- 政府方：维多利亚州司法厅下属的惩教中心

- 社会资本方：Bilfinger Berger BOT 有限公司
- 建筑商：Baulderstone Hornibrook
- 设计商：Perumal Pedavoli，Norman Disney Young，Philip Chun & Associates，Clouston Associates，Fulcrum Town Planners
- 设施管理：联合服务小组
- 安保服务：Sielox
- 财务顾问：N M Rothschild & Sons
- 税务顾问：安永会计师事务所
- 银行债务承销商：苏格兰银行、东方汇理银行、苏格兰皇家银行

社会资本方的子公司——维多利亚州惩教基础设施合作关系（VCIP）按照司法厅要求负责设计、建造和 25 年内的设施维护。

维多利亚惩教中心是司法厅的一个运营部门，负责设施运营和惩教中心管理（如人员配置及囚犯管理）。

三、服务内容

根据 25 年的设施服务协议，由联合服务小组承担上述两项设施的硬件、软件管理。

硬件服务包括电气和机械服务、消防、安保、水务、污水处理、绿化设备及各类配件的维护。软件服务包括清洁、废物处理和管理，以及场地维护。

25 年结束后，VCIP 需归还属于国家所有的那部分设施，且这些设施的运营状况需与 25 年前一致，至少要达到资产管理计划（包括生命周期维护、更换和预防性维护）的维护标准。

四、项目融资

该项目的融资方案通过与三个优先放贷人联合签订一项长达 23 年的多家银行债务方案实现，该融资方案通过一项掉期安排而规避风险，使州政府能更灵活地安排资金用于应对项目存续期间可能发生的变化。

对投资者的保护包括明确股权分配、扎实的项目终止机制安排，以及再融资收益共享机制等。

五、项目成果

本项目使用创新的、消除禁锢感的设计，根据国际标准改善囚犯和嫌疑犯的羁押环境，并为其提供一系列服务。其中应用的先进电子保安措施、节能高效程序和灵活设计方案，使这个项目成为惩教中心管理维护工作的新标杆。

案例 28　澳大利亚南澳州警察局和法院项目[①]

> 【案例特点】澳大利亚南澳州利用 PPP 模式建设警察局和法院。项目由社会资本方负责设计、建造、融资和维护（DBFM），在建成后社会资本方对不动产拥有完全所有权，因此不涉及移交。协议期满后政府可拒绝再租用这些不动产。

一、项目概述

（一）项目背景

澳大利亚南澳州的很多既有设施始建于 20 世纪 50 年代，存在严重的超期使用问题。因此，需要新建一些现代化的公共基础设施，这促使了该项目的产生。

（二）项目范围

该项目范围包括在南澳州的 6 个地区新建 9 座警察局和法院，具体内容如表 4-1 和表 4-2 所示：

---

① IPA. Infrastructure Partnerships Australia. http：//www.infrastructure.org.au/.

表 4-1　　　　　　　　　　　　项目建设内容

设　　施	总建筑面积（m²）	描　　述
贝里警察局	477	为现有警察局补充便利设施
贝里法院	919	新建两层的法院大楼
高勒警察局	763	新建单层的警察局
巴克山警察局	2 113	结合现有设施，新建两层的警察局
林肯港警察局	1 733	新建两层的警察局
林肯港法院	919	新建两层的法院大楼
皮里港法院	1 084	新建两层带有牢房的法院大楼
维克多港法院	402	新建单层的法院大楼
维克多港警察局	1 072	新建单层的警察局

表 4-2　　　　　　　　　　　　项目维护内容

服务	具体项目
设备管理	建筑物维护： ● 应急抢修 ● 日常维修，确保持续有效地提供服务并减少维护的风险，从而达到规定标准 场地维护： ● 确保安全、美观的外部设施 ● 对周边区域进行维护确保进入设施的道路通畅 ● 对周边区域进行维护使其达到标准要求 服务台： ● 提供支持服务，为"资源管理"提供帮助（"资源管理"指对为保证设施正常运作以及公共服务的正常供给所配套资源的管理） 虫害防治： ● 防治损害设施运营的虫害
公用设施	● 供电 ● 供水、污水处理 ● 通讯、语音和数据电缆
保洁服务	● 设施内外部清洁 ● 所有临时设备的内外部清洁 ● 提供整洁、干净的环境
安保设施	● 安全设施的维护 ● 消防以及其他安全设备的供应、维护和管理
附属设施	提供和维护建筑运行所需的固定和移动设备工具
垃圾管理	处理设施运行所产生的垃圾
应急管理	应急和减灾的管理与规划

（三）主要参与方

南澳州负责基础设施建设的厅长已经就该项目的设计、建造和维护，与 Plenary Justice 承包联合体签订了项目协议。

Plenary Group 作为联合体发起人，在项目中的主要作用是在商业和金融架构方面，引导 Plenary Justice 承包联合体进行项目和相关文件谈判，以及在整个过程中对项目主动进行管理，主要包括：

- 保证建筑承包商在规定时间和预算内完成建造工作；
- 保证设施管理承包商持续提供高质量的服务，并降低设施损坏的可能。

Plenary Justice 承包联合体的其他主要成员有：

- 德意志银行——债券承销商和建设信用证提供商；
- Hansen Yuncken——设计和建造承包商；
- Advanced Building Technologies——设备管理承包商；
- Walter Brooke and Associates——建筑设计所；
- Connell Mott MacDonald——结构和服务工程提供商。

自 2005 年 6 月 15 日资金到位后，Plenary Group 作为 Plenary Justice 项目公司的股权所有者，在 25 年内负责楼房和景观区设备的维护和管理。Plenary Justice 承包联合体对本项目建造的不动产拥有完全所有权，所以不存在移交的情况，但是 25 年到期后南澳州可拒绝再租用这些不动产。

Advanced Building Technologies 负责严格按各种性能标准和关键绩效指标维护设施。这些工作开展顺利，使得设备投入运营至今未出现任何损坏事故。Plenary Group 将在整个运营阶段继续主动进行管理，以确保提供高水平的服务，保证不出现损坏事故。

二、关键时间点

项目根据南澳州 PPP 框架制定，促使政府和社会资本达成合作关系，由社会资本方在长期内负责重要新建基础设施的设计、建造、融资和维护。该项目的关键时间点如表4-3所示：

表4-3 关键时间点

阶 段	日 期
提交意向书	2003年11月
公布"短名单"	未知
向入围的投标者做项目简介	2004年5月
招投标阶段结束	2004年9月
选择优先谈判对象	2004年12月
签订合同	2005年6月
融资完成	2005年6月

三、项目融资

该项目长期资本结构包括发行3 765万美元的与消费物价指数挂钩的年金债券（Aa2级）。这些债券将在项目特许经营期内全部摊销。

在项目的建设阶段，优先债券由建设信用证发行（为了高级债券持有人的利益），从而有效避免了高级债券持有人承担设施建设的完工风险。

债券和股权融资的综合收益用于支付项目的成本，成本包括建设期间的支出、建设期间的其他费用和债务以及一定的储备资金。

四、项目影响和成果

（一）项目影响

• 南澳州警察局和法院项目按照州政府的要求，提供具有新功能和更节能的设施，以促进整个南澳州警察局和法院的高效运转。新建设施将取代始建于20世纪50年代且已超过使用年限的既有设施。

• Plenary Justice承包联合体对不动产拥有完全所有权，承担残值风险，因此：

——在项目期限内确保设施的高质量标准;

——挖掘潜在的土地价值以为项目进一步提供资金。

(二) 项目成果

Plenary Justice 联合承包体成功地从债务和权益的高级混合融资工具中募集到所需资金,从而保证了警察局和法院设施能够继续建造。迄今为止,这些设施已经在计划的预算和工期内完工。自投入使用以来,设施管理服务没有出现任何损坏事故。这证明了 Plenary Justice 承包联合体在该项目的各个层面上的管理方法都符合高质量服务标准,确保了设施管理服务始终处于较高水平。

第二节 行　政

案例 29　美国亚利桑那州渔猎厅总部项目[1]

【案例特点】本案例介绍了美国亚利桑那州利用 PPP 模式建设渔猎厅总部。渔猎厅稳定的现金流对社会资本方颇具吸引力。社会资本方负责融资、建造和管理,在 25 年协议到期后所有权移交给渔猎厅。案例阐述了在办公楼建设项目中如何最大限度地利用自然光、太阳能和无需灌溉的自然景观,以及将环境指标纳入监督指标体系等方式实现低耗水和高能效的方式进行建设的目标。项目获得了 2010 年 NCPPP 创新大奖。

一、项目概述

亚利桑那州渔猎厅新总部的设施建设已于 2007 年 12 月竣工。此前,在渔猎厅打算建设新总部时,自身没有足够资金,且亚利桑那州的设施改

---

[1] NCPPP. The National Council for Public-Private Partnerships. http://www.ncppp.org/.

善资金预算也非常有限，因此采用了 PPP 模式进行融资、建造和管理。该项目对于社会资本方很具吸引力，也是一个颇具前瞻性的项目，获得了新建筑能源与环境设计先锋奖白金认证——最严格的环境标准下可能达到的最高水平。

二、项目目标

该项目的主要目标之一是将旧总部分散的办公楼集中起来。2007 年 11 月之前，总部由 14 座组装式的建筑和可活动的房屋组成。当时的想法是把所有这些分散的办公楼集中在一处，以方便沟通和服务。

新总部拥有三栋办公楼，占地 117 452 平方英尺，可提供 536 个停车位。行政楼主楼是一个占地 82 154 平方英尺的单层办公楼，其包括一间 26 648 平方英尺的仓库/实验室和一个 8 650 平方英尺的汽车维修站。新总部不仅提高了渔猎厅总部的安全性、协同性，也方便了不同办公室之间的交流。

此外，鉴于渔猎厅的职权和管辖范围与环境相关，为以身作则，其总部更应通过低水耗和高能效的方式建设。为了打造可持续建筑项目，项目团队致力于最大限度地减少对环境的影响和对能源的需求。例如，办公楼的朝向设计使其在夏季可以最低限度吸收热量并最大程度利用自然采光，同时还可以欣赏周围的沙漠和山脉。太阳能的就地生产、高效的机械系统、高性能的玻璃窗和一个高度绝缘泡沫的屋顶等"能源之星"措施最大限度地减少了该建筑运转所需的电量。在使用了不需灌溉的自然景观一年之后，再加上配备了低水耗或无水浴室装置，节约用水的目标得以实现。项目团队出于对办公楼使用者的考虑，使用了低挥发性有机化合物涂料和胶粘剂，以及所有获"绿色印章"批准的清洁产品。其他项目材料和特点还包括整体颜色分割面混凝土砌块，所有的窗户上的遮阳篷，用于公众服务的圆形大厅以及一个群山环绕的纪念园——纪念在执行任务中牺牲的渔猎厅员工。

三、项目主要内容

(一) 主要参与方

该项目的合作关系由数个合作伙伴构成,每个合作伙伴都提供一定的专业技能。亚利桑那州野生动物金融公司(AWFC)是由合作伙伴成立的一家市场金融机构,该机构根据一项长达25年的协议持有这个价值2 090万美元的总部。该机构负责为项目选择总承包商和房地产开发商。该项目的合作伙伴包括1个私人开发商(林肯物业公司),1个建筑和设计师(威尔建筑师),1个出资人(派珀·贾弗雷),1个总承包商(桑特)和1个能源与环境设计先锋奖顾问(绿色理念公司)。

(二) 实施条件

亚利桑那州渔猎厅采用了一种创造性的PPP模式进行融资、建设和管理,这个具有前瞻性的项目占地25英亩,邻近本·艾弗里射击场。在渔猎厅打算建设新总部时,其自身并没有足够的资金,而且亚利桑那州的设施改善资金预算也非常有限。当时渔猎厅只有土地所有权以及每年通过出售联邦的枪支许可证和执照、国家彩票等带来的现金流。由于不需要每年都通过议会批准就能获得这些现金流,该项目对社会资本方很有吸引力。现有的总部位于十几个不同的老旧房屋内,这使得总部在处理事务、管理、运营和能源方面的效率都比较低。新总部有效地为亚利桑那州渔猎厅整合了资源,使该项目更容易获得利益相关方的支持和董事会的批准。

(三) 项目融资

该PPP项目通过发行基于"租赁—拥有"模式的免税债券进行融资,债券期限超过25年,年利率4.63%。土地由亚利桑那州渔猎厅总部所有,并供其用于指定用途,这使得财产的使用极具成本效益。通过利用这种债券结构,极大地降低了渔猎厅的长期拥有和运营成本。

(四) 合同规定

林肯物业公司，一家独立的房地产开发商，为该项目提供私人市场融资担保，并将在之后的 25 年里管理和维护这项资产。在 25 年期限结束时，AWFC 将这项资产的所有权转移给亚利桑那州渔猎厅。这种合作方式充分利用了商业体系的优势，并为渔猎厅建设全国一流的可供使用多年的环境友好型设施提供了一种高效的途径。

(五) 实施标准

在该 PPP 项目中，各方必须围绕既定目标进行规划，寻求创新的解决方案，然后执行计划，同时保持灵活性以适应不断变化的情况。为了实现这一目标，各方需要根据目标建立一个度量指标作为参考标准。项目合作伙伴的任务是完成各个具体的目标，包括：达到《州长行政命令 2005-05》的要求，将亚利桑那州渔猎厅的办公室集中在一起，扩大总部的服务范围以及未来为公众提供良好的服务。这些目标需要渔猎厅、林肯物业公司、桑特、威尔建筑师、AWFC、绿色理念公司等各方代表共同努力完成。

《州长行政命令 2005-05》规定国家资助的新建建筑至少必须获得能源与环境设计先锋奖的银级认证，并至少从可再生能源中获得 10% 的能源供给。项目团队为实现这个目标付出极大的努力。例如，桑特运用"建筑信息模型（Building Information Modeling，BIM）"创造了多个新的标准来改善最终的设计和施工等。总体而言，包括建筑的排列、材料的来源和成分以及通过使用太阳能电池板生产和转售能源。事实上，办公楼超过了《行政命令 2005-05》的要求，成为亚利桑那州第四个获得能源与环境设计先锋奖白金认证的建筑。这一成就归功于同威尔建筑师以及顾问团队绿色理念公司的合作。

AWFC 使渔猎厅得以独立完成融资，并确保 25 年后渔猎厅总部全部所有权的最终转让。这种融资模式是 PPP 融资方案的一种创造性选择，帮助该项目获得了成功。

通过精心的计划、执行和后期施工管理，新设施达到了既定目标，甚至有所超越。据渔猎厅开发分公司的领导说，距离近且方便造福了顾客，并让员工有了集体感。现在公众可以享用座位全覆盖的新大厅。这个拥有205个座位的大厅还可用于公共和私人的会议。新总部在各合作方间使用清晰指标，为民众在现在和将来提供了更多的便利。

四、评论

该项目致力于长期采用环保技术和工艺。通过采用创新的 PPP 交付方式，比传统的直接利用政府资金进行建设的模式提前数年就建成了一个新的、高度可持续的设施。

通过一项购电协议实现太阳能利用，该协议的特点在于由第三方负责融资并在办公楼的楼顶安装太阳能电池板，再以一个商定好的具有市场竞争力的价格将电力出售给总部。这一创新方式使政府再次利用社会资本来弥补经营成本预算的缺口，从而实现项目的长期、可持续的发展目标。这一创新方式使得渔猎厅能够长期锁定有利的电价以对冲价格上涨带来的风险。同时也将有助于编制长期预算和财务计划，节约电力开支。

该项目通过发行基于"租赁—拥有"模式的免税债券进行融资，极大地降低了渔猎厅的拥有成本，使项目在开始实施之前具有了几个优势：所拥有的土地，无需议会批准的年预期收入，尝试通过新事物巩固业务的意愿。项目所不具备的是建设新设施的资金来源。PPP 模式恰好对应这些优势和不足。

该项目还获得了能源与环境设计先锋奖的白金认证，部分原因在于使用了一种就地生产可再生能源的创新方法。这是获得利益相关方支持的一个重要方面。渔猎厅进行的契合该项目环境目标的野生动物管理和环保宣传，是让该项目获得支持的极佳方式。此外，美国西南部是太阳能生产的主要地区，往往比其他地区更经济高效。

第三节 防 务

案例30 美国通用汽车沙漠试验场建设项目[1]

【案例特点】美国军队与通用汽车公司合作创新,利用联邦政府的土地和设施开发专业化的汽车测试设施,是军队"加强租赁使用(Enhanced Use Leasing,EUL)"项目中的一个典型项目。通用汽车公司经过竞标成为社会资本方,签订了为期50年、包含续约选择权的租赁合同。政府与社会资本方在合作中互利共赢,充分利用了彼此的物质和技术优势,实现了项目效益的最大化。

一、项目概述

1953年,通用汽车公司在亚利桑那州梅萨市建造了沙漠试验场。尽管该公司在密歇根州米尔福德已经有一座更大的试验场,但是亚利桑那炎热干燥的天气使通用汽车能够在密歇根东南部无法达到的天气和路况条件下测试汽车。2000年,通用汽车公司宣布将梅萨市的测试设备转移到亚利桑那州尤马附近的美国军队尤马试验场。

2007年,通用汽车公司在亚利桑那州美国军队尤马试验场的一块2400英亩的土地上开始建造新沙漠试验场,用于在炎热天气中进行汽车测试。该项目是军队"加强租赁使用(EUL)"项目中的典型案例,代表了一种可以将联邦土地、基础设施和其他设施用于商业用途,并能提供一种创新型联合开发和共同使用高度专业化汽车测试设施方法的PPP模式。

军队通过竞争性招标选中了通用汽车公司。2007年5月,由通用汽车公司和军队共同执行一项长期土地租赁合同。沙漠试验场最终于2009

---

[1] NCPPP. The National Council for Public-Private Partnerships. http://www.ncppp.org/.

年4月，在预算内按时完成建设。

沙漠试验场替换了通用汽车公司之前在亚利桑那州使用的低效、过时的测试设备。同时，预计项目有利于尤马县更大范围内的社区获得更多的再投资，并有利于日益城市化的亚利桑那州梅萨市的房地产开发。

军队每年可免费使用通用汽车公司的轨道来测试85%以上的军用轮式车辆，免费使用量已事前约定。通用汽车公司还向军队提供实物服务，如建设军队的炎热天气测试设施，具体包括一个4.5英里长的椭圆轨道、规避机动区域和重建测力计场。同时，EUL项目对通用汽车公司也极为有利，因为项目位于空禁区，不太可能像位于梅萨市的测试点那样逐步被市区侵占。此外，通用汽车公司正利用尤马试验场的测试路线和各种测试支持服务进行车辆测试。该项目能促进尤马试验场与通用汽车公司合作改进汽车测试技术。

二、项目目标

通用汽车公司希望新建场地来测试民用车辆的一个主要原因是为了利用军事设施的安全性。尤马试验场的军事安全措施为通用汽车公司提供了必要的隐私保护，防止通用汽车公司的新模型和理念泄露出去。由于公司之前的设施都已过时，且所在地区的城市化逐渐加快，隐私难以得到保护。将新试验场建在亚利桑那州尤马试验场可以避免这些威胁。

将测试设施搬到尤马的其他好处还包括，梅萨市的测试设施分散在十几座不同的建筑中。而如今，通用汽车公司可以把分散的设施整合在一起，从而降低维护成本。此外，尤马地区的炎热天气测试周期比梅萨市长，且尤马社区拥有优质的资源，能为试验场提供支持。

尤马试验场从合作关系中受益，军队仍可使用该场地来测试军用车辆，且不用付租金就可以享受到通用汽车公司提供的设计、维护和施工服务，从而减少联邦支出。此外，尤马试验场也需要一种新的测试机制来测试其通常在高温、高压和高速下运行的军事运输和轮式战车。尽管尤马试验场是军队中首屈一指的炎热天气测试基地，但它缺乏足够的专业设备在道路上进行持续的高速测试。通过合作，通用汽车公司负责建设新设施，军队也可以使用这些设施进行测试。

还需指出的是，尤马和梅萨市都可以从这一合作关系中受益。尤马得益于新设施提供的高收入工作带动的经济增长。建设现场的劳动力将达到250至300人，包括通用汽车公司的员工、承包商和租户。此外，每年也将有成千上万的游客来到尤马参观具体的测试过程。

大尤马经济发展公司估计，试验场项目带来的年平均工资最高将达到6万美元，每年工资总额将超过2 200万美元。这些工资中的大部分将留在尤马县推动当地经济的发展。通用汽车公司的管理人员已经联系了亚利桑那州西部大学和北亚利桑那大学的行政人员，并讨论关于汽车制造工程课程的改革，以及在尤马开设相关课程并授予学位的相关事宜。

梅萨市也从合作关系中获益，旧设施原先占用的土地现在可以开发成办公室、零售商店、住房和娱乐场所等，满足社会发展的需要。

三、项目主要内容

（一）合作伙伴

军队和通用汽车公司表面上没有什么共同点，但是双方都需要测试车辆在各种环境条件下的质量。通用汽车公司希望向消费者提供高质量的汽车，而军队则需要确保美国士兵在任何可能出现的战场情况下拥有最可靠的设备。

双方对炎热天气汽车测试设施的共同需求促进了该项目的产生，这块2 400英亩的最先进的测试场（亚利桑那州西南部的尤马试验场）于2009年7月投入使用。

（二）项目融资

通用汽车公司向军队租用了尤马试验场的一部分，建造了几条测试道路及一些配套设施。融资合同规定了实物交付的方式。通用汽车公司有权租用场地，但要以建设一座包括1条长4.5英里的椭圆形轨道、1个回避操作区和1个重建测力计场的炎热天气测试场地，以及提供其他建设和维护服务作为回报。预计炎热天气测试设施的建设成本在1亿美元左右。

通用汽车公司将资金存入一个由第三方管理的计息托管账户中,作为场地租赁的部分报酬。为了测试军队的履带和重型轮式车辆,需要建造新的测试轨道,因为这种测试超出了通用汽车公司原有试验场的测试能力范围。如今军队和通用汽车公司都拥有了仅靠其自身财力难以建成的道路系统,因此这是一个双赢合作。

(三) 项目范围

该合同是一个为期50年,包含续约选择权的租赁合同。作为合同的一部分,通用汽车公司还将建造几座新的测试设施。

尤马试验场的军队测试者可以使用所有的原有测试设施以及由通用汽车公司新建的测试设施。原有道路能承受轴重达18 000磅的车辆,这样的承重水平能够承受80%的轮式军用车辆。此外,EUL合同中有一项条款规定,每年允许尤马试验场驾驶轴重10吨的车辆行驶10 000英里,以测试已升级的装甲车辆。大部分轨道能承载重80 000磅的车辆,是通用汽车公司中最大越野车车重的20倍。同时,合同还授予军队使用位于密歇根米尔福德的通用汽车公司其他测试设施中的轨道的权利。

军队测试人员也可以使用一条4.5英里长的铺砌好的椭圆形轨道和一条4英里长的碎石椭圆形轨道,其中碎石轨道能承受军队库存中的履带和轮式车辆(包括那些因为太重而不能在通用汽车公司的设施上测试的车辆)的高速测试。另一条专为车辆精确性能测试设计的功能性直道也将建成并投入使用。铺砌好的椭圆形轨道和碎石椭圆形轨道于2010年春季完工。

通用汽车公司负责在EUL合同的范围内运营和维护土地和设施,租赁期结束时,设施将移交给军队。

四、评论

本项目的目标是充分利用超出军方相关需求的(闲置)军事能力。这个目标通过军队和通用汽车公司间的EUL的实施来实现。EUL是一种允许军方将政府财产租赁给业务可能与军事需求相关的社会资本方的模式。通用汽车公司项目是"典型的"EUL项目，它是军队第一个完全与社会资本方共享设施的EUL项目。

这种合作关系在通往成功的道路上面临的障碍很少。一个PPP项目需要每个参与方在政治上和财务上都能了解其他参与方的能力和局限。在该案例中，双方有着共同的目标，在如何实现目标上也达成了一致。

简便的沟通和操作对于克服障碍十分必要。使用EUL能让军队更快地与社会资本方合作，更有效地传达其需求。因此，为了促进这一进程，军队组建了一个开发人员筛选团队，这个团队包括政府专家、律师、房地产、工程承包和设施人员等。

由于EUL的目标是充分利用军方超出自身相关需求的（闲置）财产，有人认为EUL是新建或改建不动产（可用来配合重新调整的功能）的一种方式，能避免传统而漫长的国会拨款过程。然而，创建一个新的EUL时，双方都应该考虑国会的观点。如果EUL是启动国会将来会批准的项目，那么国会不会有任何异议，但是如果EUL是为规避国会批准而启动一个国会不同意的项目，将会产生冲突。虽然国会将制定EUL的权力授予国防部，但正式合作时仍需考虑国会的意见。

在整个合作关系形成的过程中，有非常有利的政治和社会环境。在军队加强租赁使用项目的设备和土地已经到位时，开展合作关系有很强的法规基础。EUL的引入和与通用汽车公司的合作，使拥挤的梅萨房地产市场为所有的合作伙伴创造了良好的环境。

制订合同所列设施用途的详细商业计划十分必要。案例中，合同清晰地说明了政府和社会资本方的职责和目标。合作方需在合同中制订一系列未来计划。本项目合同明确阐述了各合作方使用设施的水平，以及当一方不遵守规定时的处理办法。

长期收入保障对于项目的成功至关重要。军队可以收到以改善基础设施为形式的实物支付，通用汽车公司也可以通过拓宽合同规定的军事设施使用范围获得潜在收入。社会资本方为项目提供初始资金，并通过潜在收入在长期合作关系中获得投资回报，这也确保了军队可以在合同期内使用项目设施。

这一合作关系成功的另一关键是充分考虑了各方诉求。除政府和社会资本方外，亚利桑那州的梅萨市也从中受益，因为能使用之前占用的土地来开发房地产和扩大城市范围。虽然一些高薪工作转移到尤马，但新创建的这块房地产将促进更大的经济扩张，创造更多就业机会。亚利桑那州尤马县也会从就业机会的增加和从业居民的大量涌入中受益。通用汽车公司在2000年就公开通知员工要转移试验场的计划。

从合作方身上寻找"最佳价值"对于一个成功的长期合作关系来说至关重要。军队向8名候选人招标，寻求最有兴趣参与的社会资本作为合作伙伴。双方都可以从合作中获益，并且都有足够的物质激励支持双方坚持到合同结束。合作双方风险分担，利益共享。

英文缩写对照表

DB（Design-Build） 设计—建造
DBB（Design-Bid-Build） 设计—招标—建造
DBFM（Design-Build-Finance-Maintain） 设计—建造—融资—维护
DBFO（Design-Build-Finance-Operate） 设计—建造—融资—运营
DBOM（Design-Build-Operate-Maintain） 设计—建造—运营—维护
ITC（International Trade Centre） 国际贸易中心
PFI（Private Finance Initiative） 私人融资倡议
PPIAF（Public Private Infrastructure Advisory Facility） 政府和社会资本基础设施咨询基金
SPV（Special Purpose Vehicle） 特殊目的公司
VGF（Viability Gap Funding/Subsidy） 可行性缺口补助

参 考 文 献

[1] Asian Development Bank. *Public-Private Partnership Handbook*. 2008.

[2] Australian Government. *Infrastructure Planning and Delivery: Best Practice Case Studies Volume 2*. 2012.

[3] British Columbia. *Project Report: SRO Renewal Initiative*. 2013.

[4] Canadian Policy Research Networks Inc. *The Role of Public-Private Partnerships in Funding Social Housing in Canada*. 2008.

[5] CRIDO Taxand, Centrum PPP, Baker & Mckenzie. *Public-Private Partnership in waste Management*.

[6] Department of Transportation. *Case Studies of Transportation Public-Private Partnerships around the World*. 2007.

[7] EAP^{3}N Project. *Public-Private Partnership in Infrastructure Development: Case Studies from Asia and Europe*.

[8] European Commission. *Guidelines for Successful Public-Private Partnerships*. 2003.

[9] European Commission. *Resource Book on PPP Case Studies*. 2004.

[10] Greater Sudbury. *Value for Money and Project Report: Biosolids Project*. 2013.

[11] Indian Institute of Management. *Structuring PPPs in Aviation Sector: Case of Delhi and Mumbai Airport Privatization*. 2010.

[12] INECO. *Public-Private Partnership Options for the Second Generation of Motorway Developments in Poland*. 2006.

[13] International Trade Centre. *Public-Private Collaboration for Export*

Success: *Case Studies from Barbados*, *Ghana*, *India*, *Thailand and Malanysia*. 2011.

[14] IPA. Infrastructure Partnerships Australia. http://www.infrastructure.org.au/.

[15] NCPPP. The National Council for Public-Private Partnerships. http://www.ncppp.org/.

[16] United Nations Institute for Training and Research. *PPP for Sustainable Development*. 2000.

[17] World Bank. *Public-Private Partnership Units*. 2007.

[18] World Bank & PPIAF. *How to Engage with the Private Sector in Public-Private Partnerships in Emerging Markets*. 2011.

[19] 中国清洁发展机制基金管理中心. PPP项目开发案例——上海华电莘庄工业区燃气热电冷三联供改造项目. 北京：中国商务出版社，2014.

后 记

本书从构想到翻译和编写素材、校对出版书稿，仅用了 4 个月时间，这主要得益于多方协作和全体人员勇于奉献、肯打硬仗的工作作风。

在此，首先要感谢国务院发展研究中心宏观经济研究部副部长孟春，他提出选编国外 PPP 项目案例的建议与我中心的设想不谋而合，积极组织力量参与编写，多次提出修订建议。

其次要感谢财政科学研究所 PPP 研究专业委员会秘书长孙洁，中央财经大学会计学院副院长李晓慧，江苏维尔利环保科技股份有限公司总经理助理钱争晰、副总工程师金慧宁等专家学者，他们在本书完成过程中提出了诸多宝贵意见。

还要感谢财政科学研究所研究生王景森、郭上、杨雯淇、韩卓伟、施伟强和谷美盈等同学，他们承担了大量文献检索、资料翻译和文字校对等基础性工作。

财政部政府和社会资本合作中心焦小平、莫小龙、谢飞、傅平、孟祥明、王泽方、李春毅、孙晨等同志组成的工作组，在本书的结构框架安排、书稿编写核校、案例特点提炼和排版质量控制等方面做了大量具体工作，在此一并致谢。

财政部政府和社会资本合作中心

2014 年 10 月